Bettina Rühm

Restaurants, Cafés, Bars

Interior-Trends
aus Deutschland,
Österreich und
der Schweiz

Callwey

Inhalt

Einführung	6	**Restaurant VAU**	56
		Berlin	
Sale e Tabacchi	10	**Cafè X-tra**	62
Berlin		Memmingen	
Palmenhaus	14	**Buch-Bar Sphères**	68
Wien		Zürich	
Milch und Bar	18	**Dat Backhus**	72
München		Hamburg-Sasel	
Dat Backhus	24	**First Floor**	76
Hamburg-Harvestehude		Wien	
Ringbar	28	**Café Cult**	80
Köln		Frankfurt	
Roma	32	**Café-Bar Segafredo**	84
München		München	
Musiklokal B 72	38	**Sausalitos**	88
Wien		Osnabrück	
Café Andersen	44		
Hamburg		**Architektenverzeichnis**	
Sushi + Soul	48	**mit Bildnachweis**	94
München			
Schwarzes Café	52		
Frankfurt			

Einführung

Kurz und historisch
Von den Tavernen des frühen Mittelalters über die Garküchen des 18. Jahrhunderts bis hin zur heutigen Form des Restaurants – dieser gesellige Treffpunkt zeigt sich in einer immer bunteren Vielfalt. Doch was bedeutet eigentlich der Begriff „Restaurant"? Es heißt, im Jahr 1765 prägte der einst berühmte französische Suppenkoch Boulanger den Namen „Restaurant" durch einen Spruch, den er über seinem Gasthaus anbrachte: „Venite ad me omnes, qui stomacho laborantur, et ego vos restaurabo." (Kommt alle zu mir, wenn euch der Magen knurrt, und ich werde euch wiederherstellen.) Er versprach also seinen hungrigen Gästen, ihnen wieder zu körperlichen Kräften zu verhelfen.

Warum ins Restaurant gehen?
Die Menschen zieht es jedoch nicht nur in die Gaststuben, um sich „wiederherstellen" zu lassen. Der kulinarische Genuss ist nur einer von vielen Gründen, in ein Lokal einzukehren: Wer schätzt nicht fröhliche Runden im Freundeskreis, eine Verschnaufpause im Café oder ein abendliches Treffen an der Bar nach erfolgreichem Geschäftsabschluss? Kommunikation und Geselligkeit, „dabei sein", „sehen und gesehen werden", doch auch Ruhe finden und einfach nur die Seele baumeln lassen – alles gute Gründe, um auszugehen. Bei der heutigen Vielfalt an Restaurants, Cafés und Bars hat man allerdings die Qual der Wahl, falls man nicht schon längst sein Stammlokal gefunden hat, wo einfach alles „stimmt". Doch was macht ein gutes Restaurant aus? Wann fühlt man sich in einem Café so richtig wohl? Warum zieht man eine bestimmte Bar einer anderen vor?

Was macht ein gutes Restaurant aus?
Faktoren, wie zum Beispiel der Standort, das Angebot der Speisen und die Preise spielen sicherlich eine Rolle. Doch das beste Essen nützt wenig, wenn das Ambiente nicht stimmt, wenn man sich nicht wirklich wohl fühlt. Sitzen die anderen Gäste steif und schweigend da, kann kaum eine entspannte Atmosphäre aufkommen. Der eine zieht ein Umfeld vor, in dem gelacht und geplaudert wird und wo die Gläser klingen, der andere liebt eine ruhigere, wenn auch lockere Stimmung. Doch wie entsteht eine bestimmte Atmosphäre? Die durchdachte Innenraumgestaltung ist wichtig für ein gutes Restaurant, doch sie allein reicht nicht aus. Perfektes Design verspricht nicht unbedingt ein charmantes Ambiente, sondern kann auch langweilig wirken. Was also ist die Zauberformel für gelungene Gastronomie?

Eine authentische Atmosphäre schaffen
Ob französisches Bistro, englischer Pub, italienische Trattoria oder bayerische Bierstube, ob gediegenes Restaurant oder modernes Café – immer ist die authentische Atmosphäre entscheidend dafür, ob man sich wohl fühlt und sich entspannen kann. Ein spezifisches, in sich stimmiges Ambiente zu schaffen bedeutet, die Besonderheit des Restaurants durch die Art seiner Präsentation zu unterstreichen. Das spezielle Angebot an Speisen, muntere Mitarbeiter in zum Lokal passender Kleidung, ein kreativer Wirt und ein ausgewogenes Raumdesign bilden im Idealfall eine Einheit – eine lebhafte, anregende Kulisse, die dem Restaurant ein klares Profil gibt. Es erfordert vom Innenarchitekten eine intensive Planung, um unter Berücksichtigung der wirtschaftlichen Faktoren das gastronomische Konzept mit gestalterischen Mitteln in Szene zu setzen. Stimmt der Architekt den Innenraum nicht nur auf die typische Betriebsform des Lokals ab, sondern gelingt es ihm darüber hinaus, durch die Art der Raumgestaltung eine Bühne für die Gäste zu schaffen, ihre Sinne positiv anzuspre-

chen, so lässt er den Restaurantbesucher für die Zeit seines Aufenthalts den Alltag vergessen. Ausländische Restaurants wecken möglicherweise Urlaubserinnerungen. In jedem Fall fördert ein gutes Raumerlebnis die Entspannung und wird in Erinnerung bleiben.

Das gestalterische Konzept
Keine leichte Aufgabe, die verschiedenen Faktoren, die für ein gelungenes Konzept entscheidend sind, miteinander in Einklang zu bringen. Raumaufteilung, Proportionen, Anordnung von Tischen und Stühlen, Materialien, Farben und Lichtführung: Eine ausgewogene gestalterische Planung, die alle Komponenten mit einbezieht und die dann auch konsequent umgesetzt wird, ist die Grundlage für eine harmonische, behagliche Atmosphäre. Dies ist unabhängig davon, um welche Art Lokal es sich handelt.
Weil das Raumdesign vom gastronomischen Konzept, das es unterstreichen soll, abhängt, muss es auf die funktionalen Anforderungen, auf Infrastruktur und Logistik abgestimmt werden. Belüftung, Heizung, Wareneingang, Abfallbeseitigung, Lagerräume und nicht zuletzt die Küche beanspruchen viel Platz. Für den reibungslosen und wirtschaftlichen Ablauf des Restaurantbetriebs ist ein günstiges Verhältnis von Gastraum und Produktionsraum wichtig. Es ist sinnvoll, für den Service- und Lagerbereich möglichst 60 Prozent der verfügbaren Grundrissfläche, für den Gastraum maximal 40 Prozent einzuplanen. Manchmal wird, um Platz für die Produktionsräume einzusparen, die Kochstelle in den Gastraum verlegt. Dies wird dann wiederum Bestandteil des gastronomischen Konzepts: der Gast kann beim Kochen zuschauen. Viele Gestaltungsmöglichkeiten bieten sich beim Planen eines Restaurants in historischer Umgebung. Durch moderne Elemente entsteht ein Kontrast zwischen Alt und Neu, der den Charakter der alten Bausubstanz betonen und spannende Erlebnisräume hervorbringen kann.

Wirkung der Fassade
Konsequent durchgeführte architektonische Konzepte beziehen die Fassade des Gebäudes in die Innenraumgestaltung mit ein. Diese kann dann bis in den Straßenraum wirken und Passanten einen ersten Eindruck der Restaurantatmosphäre vermitteln. Viele Restaurants, vor allem in innerstädtischen Lagen, verfügen jedoch nur über einen kleinen Gebäudeabschnitt zur Straße hin. Die geschickte Gestaltung des Eingangsbereichs und die Art der Selbstdarstellung entscheiden häufig darüber, ob Passanten sich spontan in das Lokal locken lassen. Ermöglichen großflächige Verglasungen schon von weitem einen Blick in den Innenraum? Oder liegt dieser verborgen, und nur die Art des Eingangsbereichs macht neugierig auf das Restaurant? Die Gestaltung hängt vom Restaurant-Typ ab: bei Schnellrestaurants sollte der Übergang von außen nach innen eher unauffällig sein, um die Hemmschwelle so niedrig wie möglich zu halten, gehobene Restaurants grenzen sich deutlicher nach außen ab. Eine bei uns ungewöhnliche Variante findet man in Japan. Dort werden, unabhängig vom Restauranttyp, Gäste häufig auf folgende Art umworben: Verblüffend echt wirkende Wachs-Attrappen der angebotenen Speisen sind als Blickfang in Glasvitrinen vor dem Lokal ausgestellt.

Möblierung
Gute Kommunikation – ein entscheidendes Merkmal für gelungene Gastronomie – entsteht, wenn die Anordnung von Tischen und Stühlen das menschliche Miteinander fördert: Geschützt zu sitzen, aber dennoch einen guten Überblick zu haben,

die Bewegungen der anderen Menschen im Raum beobachten zu können, ist unterhaltend und anregend. Gesehen werden und zu sehen, wer gerade hereinkommt oder vorbeigeht, fördert Blickkontakte und lässt häufig Gespräche entstehen. Gemütlichkeit und gesellige Stimmung werden allerdings durch eine allzu geordnete Möblierung gestört und durch eine lockere Anordnung gefördert. Auch der Bar-Tresen dient in vielen Restaurants nicht nur als Blickfang und Präsentationsfläche, sondern vor allem als Kommunikationszentrum.

Akustik
Entspannung und Wohlbefinden sind auch auf gute Akustik angewiesen. Holzböden, Tische ohne Tischtuch und ungepolsterte Stühle verstärken die Geräuschkulisse, da sie den Schall hart zurückwerfen. Dies wird möglicherweise als unangenehm empfunden. Tischtücher und Textilien jeder Art wirken schalldämpfend, ein Übermaß an Stoffen dämpft jedoch bei vielen Gästen die Stimmung. Die schönste Geräuschkulisse ist doch das angeregte Geplauder und Gelächter fröhlicher Menschen.

Wirkung des Lichts
Nicht nur akustische, sondern auch optische Reize sowie die Lichtführung prägen die Atmosphäre eines Restaurants, eines Cafés oder einer Bar. Ob Tageslicht oder künstliches Licht, direkte oder indirekte Beleuchtung – Lichtquellen können die Raumwirkung stark verändern und Kontraste schaffen. Der Wechsel zwischen hellen und dunkleren Bereichen teilt den Raum auf angenehme Weise ein. Mit der Art der Beleuchtung kann man Akzente setzen – zum Beispiel durch Hängeleuchten über den Tischen – oder aber durch indirekte Beleuchtung bestimmte Raumzonen betonen.

Mit Strahlern werden Wandflächen gezielt ausgeleuchtet, der Hell-Dunkel-Effekt steigert die Wirkung von Dekorationen und Bildern. Durch die Kombination verschiedener Beleuchtungsarten oder durch Dimmer können unterschiedliche räumliche Bedürfnisse der Gäste berücksichtigt werden. Sitzt der eine gerne im Hellen, um gesehen zu werden, macht es sich der andere lieber im Halbdunkel bequem, um ungestört beobachten zu können. Ob Metall, glatter Stein, Lack oder Glas, glänzende Oberflächen spiegeln das Licht und lassen so eine exklusive Atmosphäre entstehen. Holz dagegen wird je nach Art der Oberflächenbehandlung und der Ausleuchtung edel, rustikal oder zeitlos schlicht wirken. Wird durch die Art der Lichtführung die Atmosphäre des Außenraums aufgenommen, entsteht eine sehr natürliche Gesamtstimmung im Raum.

Fazit
Aus den räumlichen, gastronomischen und wirtschaftlichen Faktoren eines Restaurants mit gestalterischen Mitteln einen Erlebnisraum zu schaffen, ist eine anspruchsvolle Aufgabe. Sie verlangt vom Designer nicht nur ein gelungenes Konzept, sondern auch viel Kreativität und Sensibilität. In diesem Buch werden 18 aktuelle Beispiele gelungener Innenräume von Restaurants, Cafés und Bars aus dem deutschsprachigen Raum vorgestellt. Sie zeigen sich in den unterschiedlichsten Varianten, doch eines ist allen gemeinsam: das konsequent durchgezogene gestalterische Konzept. Es sorgt für spannende Räume – die Voraussetzung für eine authentische Atmosphäre, die dem jeweiligen Lokal seinen unverwechselbaren Charakter gibt.

Sale e Tabacchi
Italienisches Café, Bar und Restaurant in Berlin

Nur wenige Meter vom ehemaligen Checkpoint Charlie entfernt, im quirligen Berlin-Kreuzberg, hat der Architekt Max Dudler mit strengen Ordnungsprinzipien und klaren Farben eine Oase der Ruhe geschaffen: das Sale e Tabacchi, ein italienisches Café mit Bar und Restaurant.

In dem lang gezogenen und knapp 5 Meter hohen Raum im Erdgeschoss eines Hauses aus der Gründerzeit befand sich ursprünglich eine Druckerei. Er wurde jedoch später mehrfach anderweitig genutzt und umgebaut. Max Dudler gliederte den Raum in drei Bereiche, die man beginnend beim Eingang bis hin zum begrünten Innenhof durchschreitet. Zur Straßenseite liegt der Caféraum mit den typisch italienischen Verkaufstresen und Regalen für Salz und Tabak, Waren, die hier allerdings nicht verkauft werden.

Entlang des mittleren, schmalen Bereichs erstreckt sich die Bar und hinten, im größten Raumabschnitt, öffnet sich das Restaurant zum Gartenhof. Eine Glaswand mit aufschiebbaren Türen teilt die Bar vom Restaurant ab, belässt aber dem gesamten Lokal die Durchgängigkeit. Die lange Raumflucht wird durch die von vorne bis hinten angebrachten kreisrunden Wandleuchten und durch zwei Farben betont: die Stucco-Wand, an der die Gäste sitzen, ist durchgehend rot und verbindet alle drei Raumbereiche miteinander. Die Farbe ist in fünf Schichten aufgebracht, was ihr räumliche Tiefe verleiht. Die gegenüber liegende Wand mit der Bar und dem Servicebereich ist in Schwarz gehalten. Die weißen Tischdecken runden die klassisch italienische Farbkomposition ab – Rot, Schwarz und Weiß.

Die Möblierung ist schlicht und prägnant, die Stühle aus kanadischem Birnbaumholz mit der runden Rückenlehne wurden vom Architekten selbst entworfen. Überflüssige Dekoration sucht man im gesamten Lokal vergebens. Max Dudler: „Mit diesem Restaurant mitten in einer Stadt wollte ich den urbanen Erlebnisraum widerspiegeln, der gerade durch den Wechsel von vertrauten und überraschenden Elementen charakterisiert ist. Diese Raumerfahrung soll das Sale e Tabacchi vermitteln, wenn man es durchschreitet."

Sitzt man bei einem Espresso auf einem der bequemen Stühle und lässt den Blick schweifen, ist man dankbar, dass nichts den ruhigen, klaren Raumcharakter stört. Details fallen ins Auge, wie zum Beispiel ein rotes Weinregal vor der schwarzen Wand oder ein rotes Regal mit weißen Servietten und Brotkörben – Ästhetik, die nichts vermissen lässt.

Öffnungszeiten:	Mo–Fr 9.00–1.00 Uhr, Sa–So 10.00–1.00 Uhr
Eröffnungstermin:	1996
Betreiber:	Osteria Gastronomie GmbH / Piero de Vitis
Fläche:	240 m²
Anzahl der Sitzplätze:	110, auf der Terrasse 50
Bauaufgabe:	Umbau
Sale e Tabacchi Italienisches Café	Kochstraße 18 10969 Berlin-Kreuzberg

Strenge Ordungsprinzipien und klare Farben prägen den gesamten Raum. Überflüssige Dekoration sucht man hier vergebens.

Name:
*Max Dudler
Architekt BDA und BSA*
Geburtsdatum:
18.11.1949 in Altenrhein, Schweiz
Studienort:
*Städelschule Frankfurt a.M.
Hochschule der Künste, Berlin*
Büro:
*seit 1986:
Architektengemeinschaft
Karl Dudler, Max Dudler,
Pete Wellbergen
1989-2000:
Lehrauftrag
Architekturfakultät Venedig,
Neapel, Dortmund, Wien
seit 1992: eigenes Büro
in Berlin und Zürich*
Anzahl der Mitarbeiter:
*24 (Berlin)
6 (Zürich)*
Arbeitsschwerpunkte:
*Öffentliche Gebäude
(Schulen, Museen, Gastronomie, Sportstadien usw.),
Techn. Bauten (Brücken,
U-Bahnhöfe), Wohnanlagen,
Möbelentwürfe u.v.m.*
Veröffentlichungen:
*Zahlreiche Veröffentlichungen in nationalen und internationalen Fachzeitschriften
sowie Beiträge in Buchpublikationen, u.a. im Jahrbuch
für Architektur des Deutschen Architekturmuseums
Frankfurt*
Vorträge:
*Zahlreiche Vorträge, u.a. an
Universitäten und bei
Architektursymposien in
Deutschland, Österreich
und der Schweiz*
Ausstellungen:
*Verschiedene Ausstellungen
in Deutschland, Österreich,
der Schweiz und Italien*
Auszeichnungen und Preise:
Preisträger zahlreicher internationaler Wettbewerbe

Die rote Stucco-Wand verbindet alle drei Raumbereiche miteinander.

Perspektive Innenraum

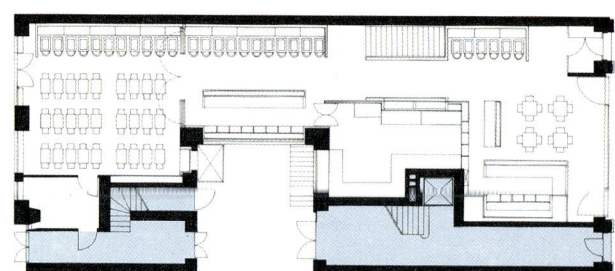

Grundriss

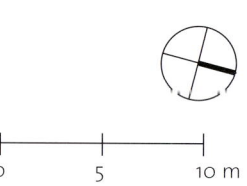

Sale e Tabacchi

Die Bar im mittleren Raumabschnitt ist durch Glasschiebetüren vom Restaurant abgeteilt.

Im Caféraum findet man die typischen italienischen Verkaufstresen und Regale für Salz und Tabak. Hier werden diese Waren jedoch nicht zum Verkauf angeboten.

Palmenhaus
Café-Restaurant in Wien

Im Wiener Regierungsviertel, zwischen Hofburg und Staatsoper, Hotel Sacher und Michaelertor liegt im Burggarten das von Friedrich Ohmann gebaute und heute denkmalgeschützte Palmenhaus. Nach langwierigen Verhandlungen zwischen dem „Eigentümer", der Burghauptmannschaft, dem Bundesdenkmalamt und den jetzigen Betreibern wurde der historische Bau – ein Tonnengewölbe in gusseiserner Konstruktion – von dem Architekten Herbert Prehsler renoviert. Anschließend übernahm das Wiener Architekturbüro Eichinger oder Knechtl die Innenraumgestaltung. Sie richteten im Mitteltrakt des lichtdurchfluteten, 15 Meter hohen Palmenhauses – im rechten Flügel überwintern verschiedene Pflanzen, im linken Flügel ist das Schmetterlingshaus untergebracht – ein Restaurant ein.

Die historische Bausubstanz durfte weder angetastet noch der Blick auf sie verstellt werden. Das Palmenhaus ist bis auf die Rückwand vollständig verglast, sieben riesige Palmen verteilen sich auf den Raum. Das Konzept von Eichinger oder Knechtl beruht auf maximaler Transparenz. Sie wollten keine abgeschlossenen Räume, sondern einen Gesamtraum voller Leichtigkeit und Bewegung schaffen. Das Lokal bietet 120 Sitzplätze, neben dem Haupteingang gibt es noch einmal bis zu 400 Sitzplätze im Freien. Die locker angeordneten Tische und Stühle aus nussbraun gebeiztem Buchenholz sowie die Sessel sind einfach und bequem, die Tische wurden von den Architekten selbst entworfen. Um jede Palme wurde ein Möbelstück gebaut, das als Kellnerstation und Ablagefläche dient und gleichzeitig eine starke Lichtquelle zur Beleuchtung der Palmen verbirgt. Um den gesamten Raum zu beleuchten, hängen die Architekten an quer durch den Raum verlaufenden Stahlseilen Leuchten ab. Entlang der massiven Rückwand verlaufen die fast 10 Meter lange Bar und die offene Küche. Die Rückwand der Bar besteht aus durchscheinenden, teflonbeschichteten Gitterscreens, die normalerweise zur Verschattung von Glasfassaden verwendet werden. Auf diese Weise wird die Bar zu einem eingefassten Bereich, der Durchblick auf die historische Bausubstanz bleibt jedoch erhalten. Die beschichteten Leinwände dienen auch als Projektionsfläche, auf der Künstler-Videos mit ruhigen, meditativen Bildern abgespielt werden.

Durch die Anordnung der Tische rechts der Mittelachse, in Richtung Burggarten, bleibt zwischen Bar und Restaurantbereich Platz für Veranstaltungen. Geplant ist auch ein Laufsteg für Modenschauen. Betreiberin Barbara Böhm: „Abends fangen die Leute zur Musik spontan zu tanzen an. Der Platz zwischen Bar und Restaurant wird gut angenommen."

Das 15 Meter hohe Palmenhaus. Dieses historische Umfeld bildet eine beeindruckende Kulisse für das moderne Café-Restaurant.

Öffnungszeiten:	10.00–2.00 Uhr täglich
Eröffnungstermin:	9.11.1998
Betreiberin:	Barbara Böhm
Fläche:	150 m²
Anzahl der Sitzplätze:	120 (drinnen), 400 (draußen)
Bauaufgabe:	Denkmalsanierung / Ausbau

Palmenhaus Café-Restaurant
Burggarten
A-1010 Wien

Name:
eok
Gregor Eichinger
und Christian Knechtl

Geburtsdatum:
1956 (Eichinger)
1954 (Knechtl)

Studienort:
TU Wien

Büro seit:
1983

Anzahl der Mitarbeiter:
8

Arbeitsschwerpunkte:
Büro- und Geschäftshäuser, Museen, Gastronomie, städtebauliche Projekte, Filmarchitektur, Möbel, Buchgestaltung

Ausstellungen:
Zahlreiche Ausstellungen, unter anderem: Expo 2000 Hannover: Österreichischer Beitrag; Austrian Cultural Institute, New York; „Gefühlskollagen. Wohnen von Sinnen", Düsseldorf;

Auszeichnungen und Preise:
Preis der Stadt Wien / Z-Bank für Gestaltung des Café Stein, Wien; Bauherrenpreis der Zentralvereinigung der Architekten für „Wrenkh"; Preis des Bundesministeriums für Unterricht und Kunst für experimentelle Tendenzen in der Architektur

Die durchscheinenden Gitterscreens hinter der Bar dienen als Projektionsfläche für Künstler-Videos.

Das Restaurant im Palmenhaus dient nicht nur als Ausflugslokal oder Touristenattraktion. Auch das junge Wiener Publikum kommt hier auf seine Kosten: Anspruchsvolle Dinners sowie nächtlicher Barbetrieb mit Diskjockey und zeitgenössischer Musik gehören ebenfalls zum Palmenhaus. Das Architekturbüro Eichinger oder Knechtl hat in diesen eindrucksvollen Raum einen modernen Gastronomiebetrieb integriert, ohne den ursprünglichen Raumcharakter zu verfälschen. Das Palmenhaus bietet durch die behutsame Mischung von historischen und modernen Elementen ein Raumerlebnis ganz besonderer Art: Während man in diesem zeitgenössischen Café seine Melange genießt, bleibt das alte Wien stets präsent.

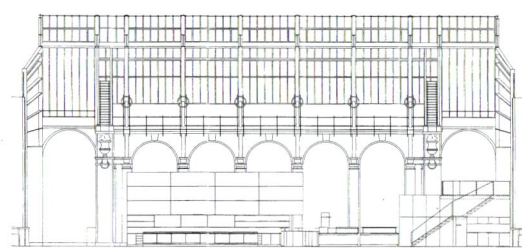

Schnitt

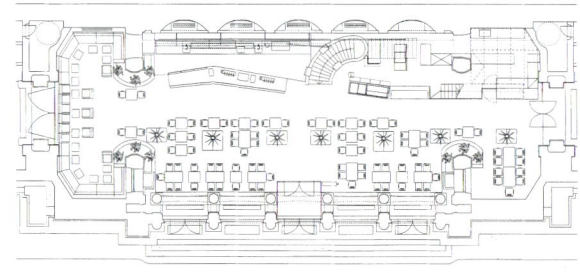

Grundriss

Palmenhaus

Das heute denkmalgeschützte Palmenhaus von Friedrich Ohmann.

Um jede Palme wurde ein Möbelstück gebaut, das als Ablage dient und eine starke Lichtquelle zur Beleuchtung der Palmen verbirgt.

Milch und Bar
Nachtbar und Diskothek in München

Samstags treffen sich Münchens Nachtschwärmer gerne im Kunstpark Ost, einem ehemaligen Industriegelände hinter dem Ostbahnhof, auf dem die Firma Pfanni noch vor gar nicht langer Zeit Knödel und Kartoffelpüree herstellte. In den früheren Industriehallen haben sich unzählige Bars, Diskotheken und Restaurants eingenistet, dazwischen sorgen Imbissbuden für eine kleine Stärkung auf dem nächtlichen Streifzug.

Die Nachtbar und Diskothek Milch und Bar wurde als Club für junge Leute konzipiert. Im Sommer 2000 wurde sie renoviert und neu gestaltet. Der Architektin Suzanne Faltenbacher und dem Designer Daniel Kronwinkler stand hierfür nur ein äußerst geringes Budget zur Verfügung, da die Zukunft des Kunstparks Ost ungewiss ist. Diese Randbedingungen prägten das Konzept: Die bis zu 18 Meter hohe Industriehalle wurde baulich nur wenig verändert, doch die kreative Innenraumgestaltung gab dem Raum einen völlig neuen Charakter. Zentrales Element ist hierbei die Farbe Rot. Sie ist das Markenzeichen der Nachtbar, die komplett in rotes Licht getaucht ist, und sie taucht im Logo als roter Balken und auch auf den Gläsern auf. Lange Reihen (roter!) Glühbirnen ersetzten nach der Renovierung die Leuchtstoffröhren und heben sich als konventionelles Leuchtmittel kontrastreich gegen das moderne Design ab.

Blickfang ist das trichterförmige Getreidesilo direkt über der Bar, das als Lichtquelle dient. Von innen leuchten vier Halogenstrahler nach unten – die Öffnung ist mit einem Metallkreuz und Plexiglas abgedeckt – und tauchen die U-förmige Bar mit allen Gläsern und dem Tresen in ein warmes rotes Licht. Die Theke hat einen massiven Holzunterbau und eine hochwertige Edelstahlauflage. Sie ist besonders widerstandsfähig gegen alle Arten von Unbill. Daniel Kronwinkler: „Spät in der Nacht tanzen die Leute auf dem Tresen. Da muss er etwas aushalten können, vergleichbar mit einem Laufsteg. Daher haben wir Wert auf eine sehr stabile Ausführung gelegt." Die zweite Theke im hinteren Raumbereich besteht aus einem sich verjüngenden Stahlträger, der ungestützt 3,5 Meter in den Raum auskragt. Die Ablagen entlang der Wände sind ebenfalls aus Stahl, wurden jedoch bewusst schmal ausgeführt, damit sie nicht als Tanzfläche missbraucht werden können. Die Wandflächen selbst wurden bis zu einer Höhe von 3 Metern hellgrau gestrichen, darüber blieben die Wände unverändert und haben ihren industriellen Charakter behalten. Das Spiegelblech an den Wänden gibt dem Raum zusätzliche Tiefe und wird, beschriftet mit den Preisen, zum pfiffigen gestalterischen Element.

Die Architektin und der Designer haben mit einfachen Mitteln aus einer rohen Industriehalle eine Nachtbar mit einem ganz eigenen Flair gezaubert. Hier mischen sich Underground-Atmosphäre, Improvisation und pure Lebensfreude. Der Erfolg spricht für sich: nicht jedem gelingt es, in die Diskothek eingelassen zu werden. Wenn die wummernden Bässe im Bauch hämmern oder an den Fußsohlen kitzeln, platzt das Milch und Bar aus allen Nähten. Angesichts der intensiven Schallwellen gibt dann sogar so manche Glühbirne ihren Geist auf …

Öffnungszeiten:	täglich von 22.00–6.00 Uhr
Eröffnungstermin:	25.8.2000
Betreiber:	Milch und Bar GmbH
Investitionssumme:	DM 250.000
Fläche:	185 m²
Anzahl der Sitzplätze:	keine
Bauaufgabe:	Raumbildender Ausbau, Erweiterung des Innenraums

Milch und Bar
im Kunstpark Ost
Grafinger Straße 6
81679 München

Industrieller Raumcharakter mischt sich mit modernem Design. Die Wände wurden nur bis zu einer Höhe von 3 Metern gestrichen, das trichterförmige Getreidesilo wurde in seinem ursprünglichen Zustand belassen.

Das Getreidesilo ist die Hauptlichtquelle der Bar. Vier Halogenstrahler tauchen sie von oben in warmes, rotes Licht.

Die Theke hat eine hochwertige Edelstahlauflage. Aus gutem Grund: spät in der Nacht wird hier oben getanzt.

Milch und Bar

.Name:
*Suzanne Faltenbacher,
Dipl.-Ing., Architektin*
Geburtsdatum:
8.7.1962
Studienort:
München
Name:
*Daniel Kronwinkler,
Designer*
Geburtsdatum:
8.7.1967
Büro:
*seit 1993 selbstständig,
seit 1998 gemeinsames Büro:*
studioacht.
Anzahl der Mitarbeiter:
3 freiberufliche
Arbeitsschwerpunkte:
*Architektur, Innenarchitektur,
Design, Grafische Arbeiten.
Bei Gastronomieprojekten
Logo, Außenwerbung,
Speisekarten etc.*
Gastronomieprojekte:
*Café-Restaurant Blue, Cafe-
Restaurant FREIBAD, Club
Raum 8, Club Milch und Bar,
Café-Bar Segafredo, Theater
Club STARS*

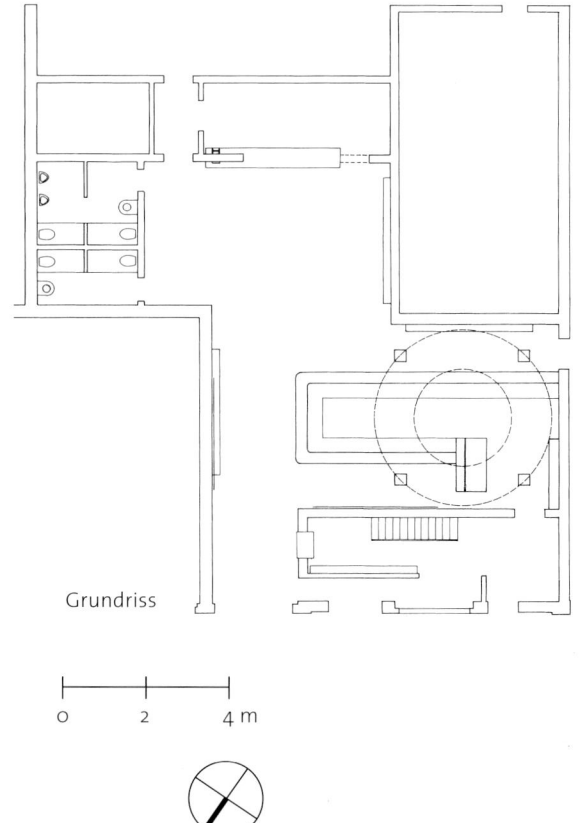

Grundriss

0 2 4 m

Oben:
Durch diese Tür kommt
nicht jeder: lange Warte-
zeiten sind hier üblich.

Unten:
Der Träger der rückwärtigen
Theke ragt ungestützt
3,5 Meter in den Raum.

Milch und Bar

Dat Backhus
Bäckerei-Café in Hamburg-Harvestehude

Den Charme eines Altbaus im Jugendstil mit der funktionalen Raumatmosphäre eines modernen Bäckerei-Cafés zu verbinden – das gelang dem Architekten André Poitiers und seinen Mitarbeitern im Hamburger Stadtteil Harvestehude mit einem klaren Konzept. Die Ladenfläche im Erdgeschoss eines Jugendstilhauses der Jahrhundertwende hatte ihren ursprünglichen Charakter im Laufe der Jahrzehnte nach vielen Umbauten eingebüßt. Die Architekten konnten durch sorgfältiges Restaurieren des ursprünglichen Verkaufsraums die Stuckdecke, die kapitellverzierte Säule sowie die Pitchpine-Dielen des Fußbodens freilegen und in das Raumkonzept einbinden.

Das Konzept beruht auf der klaren Trennung der Funktionen innerhalb des einfach geschnittenen, rechteckigen Raums. Gastraum und Verkaufsbereich sind hintereinander angeordnet. Nur die kapitellverzierte Säule deutet eine räumliche Teilung der beiden Bereiche an. Der Verkaufstresen mit dem Multifunktionsregal liegt parallel zur breiten Glasfassade. Dadurch hat man von außen freie Sicht nicht nur in den Gastraum, sondern auch auf das Warenangebot. Außen- und Innenraum gehen beinahe unmerklich ineinander über.

Die betont schlichte Möblierung besteht aus kleinen quadratischen Tischen, Stühlen und einem vor den Wänden und der Glasfassade verlaufenden, am Boden verschraubten Tisch. Die Materialien beschränken sich auf Holz, Glas und Stahl. Große Schiefertafeln neben und über dem Verkaufstresen geben Auskunft über die Preise und die aktuellen Tagesangebote für ein warmes Mittagessen. Die Küche und der Servicebereich liegen, durch das Regal verdeckt, im hinteren Gebäudeabschnitt.

Drei nebeneinander liegende Backbleche sind das Grundmaß für das modulare System des Regals hinter dem Tresen, das eigens für den Bauherrn entwickelt wurde. In das Gerüst aus Stahlrohren können Arbeitsplatten aus Edelstahl, gläserne Konsolböden sowie Tür- und Schubladen-Elemente eingefügt werden: auf geschweißten Edelstahlrosten werden vor dem Hintergrund spaltrauer Schieferplatten die verschiedenen Sorten Brot präsentiert. Das Regalsystem bietet zudem Platz für alle Kaffeemaschinen samt Zubehör sowie für das Geschirr und weitere Gebrauchsartikel. Im oberen Regalbereich befinden sich, für den Kunden unsichtbar, große Teile der Raumlufttechnik.

Ein beachtenswertes Detail: an der Wand montierte, nach oben gerichtete Einbaustrahler dienen als Wandleuchten. Durch diese indirekte Beleuchtung entsteht in dem Raum, der auf den ersten Blick nüchtern wirkt, eine warme Anmutung. Der Blick durch die großen Glasflächen auf das bunte Treiben der Einkaufsstraße wird nicht durch verspielte Einbauten getrübt. Die einzige Dekoration sind große schwarzweiße Wandfotos, auf denen Brot – das wichtigste Produkt des Hauses – dargestellt ist. Der Besteckwagen, der in Material, Form und Proportion genau dem modularen Grundsystem entspricht, zeigt: das architektonische Konzept wurde konsequent bis ins Detail umgesetzt.

Öffnungszeiten:	Mo–Fr 7.00–20.00 Uhr, Sa 7.00–18.00 Uhr, So 8.00–18.00 Uhr
Eröffnungstermin:	Oktober 1998
Betreiber:	Heinz Bräuer & Co KG.
Investitionssumme:	DM 650.000
Fläche:	124 m²
Anzahl der Sitzplätze:	36
Bauaufgabe:	Sanierung und Umbau
Dat Backhus Bäckerei-Café	Eppendorfer Baum 8 20249 Hamburg

Harmonie zwischen Alt und Neu: Das moderne Bäckerei-Café im Erdgeschoss eines Jugendstilhauses.

Name:
*André Poitiers
Architekt BDA*
Geburtsdatum:
3.11.1959 in Hamburg
Studienort:
TU Braunschweig
Büro seit:
1995
Anzahl der Mitarbeiter:
15
Arbeitsschwerpunkte:
Hochbau, Städtebau, Innenausbau
Ausstellungen:
Mehrere Ausstellungen, unter anderem: AEDES WEST, Berlin; Netherlands Institute of Architecture, Rotterdam; First European Architects' Forum, Venedig; GLASSTEC 2000;
Veröffentlichungen:
Zahlreiche Veröffentlichungen in Zeitschriften und Fachzeitschriften in Deutschland, Dänemark, Italien, England; Buchveröffentlichung „André Poitiers Projekte 1993–95"
Auszeichnungen und Preise:
Zahlreiche preisgekrönte offene und geladene Wettbewerbe, geladene Gutachten

Das Grundmaß für das Wandregal sind drei nebeneinander liegende Backbleche.

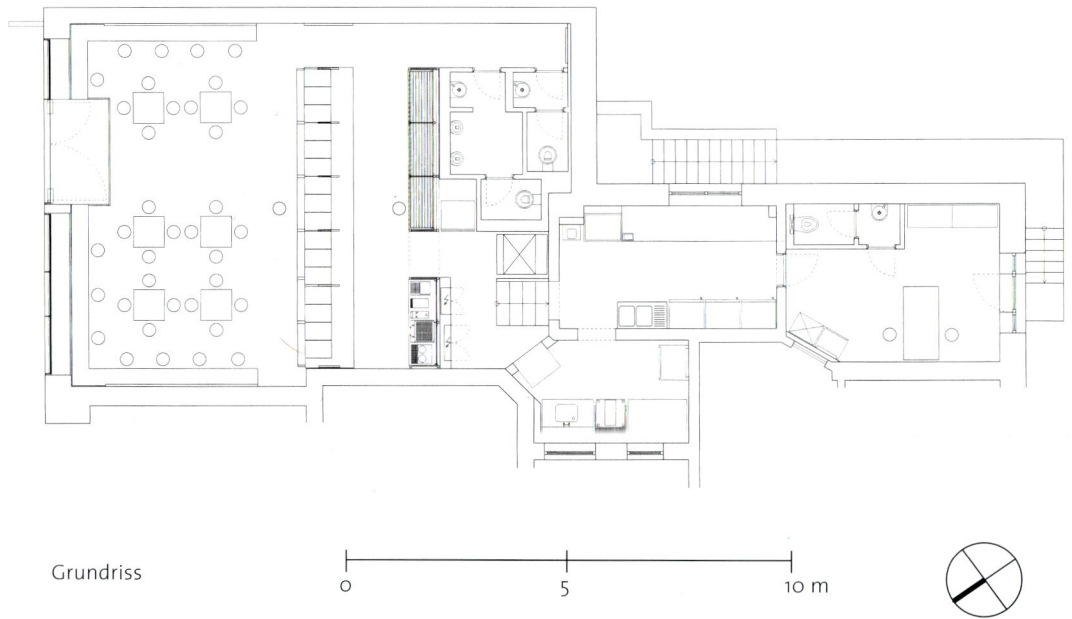

Grundriss

Dat Backhus

Umgedreht montierte Einbaustrahler an der Wand tauchen das Café in ein warmes, indirektes Licht.

Der Besteckwagen entspricht in Material, Form und Proportionen genau dem eigens entwickelten modularen Grundsystem für das Regal.

Die Pitchpine-Dielen des Fußbodens, die kapitellverzierte Säule und die Stuckdecke konnten erhalten und in die Raumgestaltung mit einbezogen werden.

Ringbar
Amerikanische Cocktailbar in Köln

Am Friesenwall, einer ruhigen Seitenstraße in der Kölner Innenstadt, liegt die Ringbar. Nachdem die alten Räumlichkeiten ganz in der Nähe aufgegeben werden mussten, richtete das Architekturbüro von Rudloff, Seiffert und Partner im Erdgeschoss eines bestehenden Gebäudes die Ringbar neu ein.

Die Ringbar hat – anders als ihr Name vermuten lässt – einen streng linearen Grundriss. Der lange schmale Raum wird durch die etwa mittig liegende Treppe – sie führt ins Untergeschoss zu einer Privatlounge – in zwei unterschiedliche Bereiche geteilt. Zur Straßenseite öffnet sich das Lokal vollflächig durch Glasschiebetüren. Wichtigstes Element der etwa sieben Meter langen Bar ist die 1,5 Meter breite Cocktaileinheit gleich hinter dem Eingang. Hier halten sich meist die ersten Gäste auf, dadurch sieht man bereits von außen: das Lokal ist gut besucht. Innenarchitektin Charlotte Seiffert entwickelte ein gestalterisches Konzept, das auf kontrastreichen Farben beruht, die Raumtiefe betont und die Menschen bereits von außen neugierig machen soll. Leitmotiv dieses Konzepts ist ein leuchtend gelbes Lichtband, das sich in einer Nische an der petrolfarben lackierten Wand entlang zieht und sich an der Rückwand der Bar im Flaschenregal wiederholt. Diese Nische dient als zweiter Tresen mit Hand- und Fußlauf aus Edelstahl. Zur Treppe sowie in den breiteren, etwas höher liegenden Stehtischbereich gelangt man über eine indirekt beleuchtete Stufe aus satiniertem Glas, die man auch im Halbdunkel gut erkennen kann.

Wie bereits für den Bartresen wählte die Innenarchitektin für die kleinen Stehtische und die große, kommunikative Tafel in Stehtischhöhe Wengenholz, der Fußboden erhielt in der gesamten Bar ein geöltes Olivenholzparkett. Dieses Holz ist hart und robust und strahlt viel Wärme aus. Auch hier setzen kontrastreiche Wandfarben klare Akzente: Die Trennwand zwischen Gastraum und Sanitärbereich wurde glänzend schwarz lackiert, die Wandscheibe gegenüber, hinter der sich die Garderobe verbirgt, dagegen rot. Auf die petrolfarbenen Wände sind rote Rosen aufgemalt – ein prägnantes Motiv, das noch aus der alten Ringbar stammt. Der Betreiber wollte durch die vertraute Raumdekoration seinen Stammgästen den Wechsel erleichtern.

Beim Betreten der Ringbar spürt man sofort die räumliche Tiefenwirkung und möchte erst einmal feststellen, wohin das gelbe Lichtband führt. Die Bar ist ein gelungenes Beispiel dafür, wie ein schmaler Grundriss räumlich optimal ausgenutzt werden kann, wobei die Raumtiefe durch die Farbgestaltung zusätzlich betont wird.

Rechte Seite:
Ein gelbes Lichtband verläuft entlang der Wandnische, die als zweite Thekenebene dient.

Öffnungszeiten:	täglich 20.00–1.00 Uhr
Eröffnungstermin:	November 1998
Betreiber:	Rainer Linden, Murat Dal
Fläche:	Gastraum: 100 m²
	Nebenräume: 100 m²
Anzahl der Sitzplätze:	EG: 35
	KG: 20
Bauaufgabe:	Umbau

Ring American Bar — Friesenwall 124
Amerikanische Cocktailbar — 50672 Köln

Name:
Charlotte Seiffert
Geburtsdatum:
1956 in Wien
Studienort:
Mödling bei Wien
Büro seit:
1989 Gründung Büro: Seiffert Innenarchitektur Köln
1995 Gründung Büro mit Dipl.-Ing. Florian v. Rudloff: v. Rudloff, Seiffert & Partner
Anzahl der Mitarbeiter:
8
Arbeitsschwerpunkte:
Architektur, Innenarchitektur, Möbeldesign, Lichtkonzepte
Publikationen:
Veröffentlichungen in Zeitschriften und Fachzeitschriften (Stern, AIT) sowie in Büchern („Restaurant Design 1" und „Café, Bar, Bistro 2")
Auszeichnungen:
Auszeichnung guter Bauten 1996: Stadthalle Rheinau/Freistett

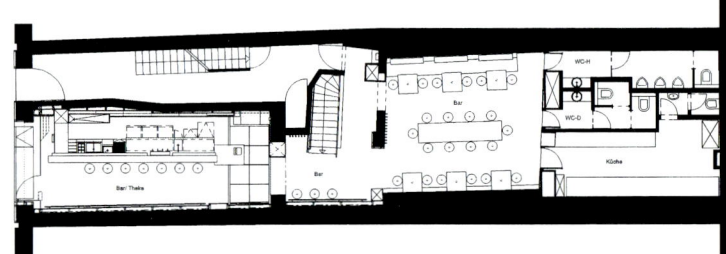

Grundriss Erdgeschoss

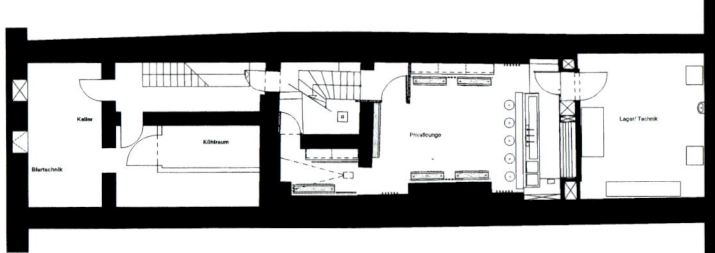

Grundriss Untergeschoss

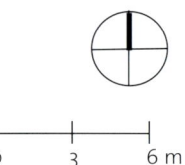

0 3 6 m

Ringbar

Blick von außen durch die großen Glasschiebetüren.

Das Rosenmotiv wurde aus der alten Ringbar übernommen, es findet sich auch auf der Getränkekarte als Logo und auf allerhand Zubehör.

Roma
Italienisches Restaurant in München

Im Zentrum von München gibt es eine Café-Legende: das Roma in der Maximilianstraße. Seit beinahe 70 Jahren ist es ein beliebter Treffpunkt für Künstler, Politiker und die Münchner Szene. Das Haus aus dem 19. Jahrhundert hat den Zweiten Weltkrieg zwar nicht ganz unbeschadet überstanden, nach den Reparaturarbeiten konnte jedoch 1947 das Café wieder in Betrieb genommen werden. Bis 1957 war das Roma eine klassische italienische Espresso-Bar mit einer wunderschönen Terrasse, die 2000 Plätze bot. Die Terrasse büßte allerdings im Jahr 1972 einen großen Teil ihrer Fläche ein, da anlässlich der Olympischen Spiele der Altstadtring gebaut wurde. Heute haben noch etwa 300 Gäste draußen Platz.

Der Unternehmer Gabriel Lewy und seine Frau Iris Berben ließen nun das Lokal umbauen und beauftragten mit der Innenraumgestaltung den Lichtkünstler Ingo Maurer mit seinem Team Heike Dewald, Bernhard Dessecker und Sebastian Utermöhlen. Im April 2000 wurde das Roma neu eröffnet. Zunächst wurden einige Wände herausgenommen, wodurch ein großzügiger Raum mit einem neuen Barbereich entstehen konnte. Große Spiegel verstärken diesen räumlichen Effekt. Doch Ingo Maurer und seinem Team war es sehr wichtig, dass die Traditionen des alten Café Roma auch in der neuen Gestaltung noch spürbar bleiben. Er wollte kein cooles Design, sondern ein klassisches Ambiente schaffen, das durch moderne Elemente kontrastreich in Szene gesetzt wird. Hierbei spielt die Farbe Rot eine zentrale Rolle. Das Rot des alten Roma wurde als Wandfarbe übernommen, wobei eine speziell hierfür entwickelte Farbe zum Einsatz kam: sie imitiert den Charakter staubtrockener Pigmente und erzeugt dadurch eine starke Tiefenwirkung.

Eine 12 Meter lange Theke verbindet in großzügigem Schwung die Bar mit dem Restaurant. Die Thekenplatte aus Zinn wurde in nur noch selten ausgeführter Technik handgefertigt. Direkt über der Bar thront die Wölfin, Sinnbild der Stadt Rom und zugleich das Wahrzeichen des Roma. Die Skulptur ist ein Original-Requisit aus dem Film „Gladiator" von Steven Spielberg.

Für eine unverwechselbare Atmosphäre sorgen die von Ingo Maurer maßgefertigten Lichtobjekte aus Murano-Glas. Sie sind unterhalb großer Deckenmulden angebracht und strahlen mit direktem und indirektem Licht, wodurch subtile Schattenspiele entstehen. Warmes, sanftes Licht verbreiten die klassischen Abatjour-Leuchten an den Wänden. Ein Blickfang in der Bar ist schließlich das Lichtobjekt aus brüniertem Stahl mit sternförmigen Aussparungen.

Ingo Maurer und seinem Team ist es gelungen, durch ein sensibles gestalterisches Konzept gekonnt eine außergewöhnliche Raumharmonie herzustellen. Ob beim Frühstück auf der Terrasse, beim Dinner im Restaurant oder bei einem gemütlichen Drink an der mondänen Bar: hier genießt man ganz einfach das berühmte italienische Flair Münchens.

Öffnungszeiten:	täglich von 8.00–3.00 Uhr
Eröffnungstermin:	4.4.2000
Betreiber:	Gabriel Lewy und Iris Berben
Investitionssumme:	keine Angaben
Fläche:	240 m²
Anzahl der Sitzplätze:	150
Bauaufgabe:	Umbau eines bestehenden italienischen Café-Restaurants

Roma
Italienisches Restaurant

Maximilianstraße 31
80539 München

Die 12 Meter lange, geschwungene Theke verbindet den Barbereich mit dem Restaurant.

Die Wölfin über der Bar ist das Wahrzeichen des Roma und ein Original-Requisit aus dem Film „Gladiator" von Steven Spielberg.

Für die Wand wurde eine spezielle Farbe mit starker Tiefenwirkung entwickelt.

Blickfang in der Bar ist die Deckenleuchte aus brüniertem Stahl mit sternförmigen Aussparungen.

Name:
Ingo Maurer
Geburtsdatum:
1932, Insel Reichenau
Werdegang:
Ausbildung zum Typographen in Deutschland und in der Schweiz, 1954–1958 Grafikstudium in München; 1960 in die USA ausgewandert. Arbeit als freier Designer in New York und San Francisco. 1963 Rückkehr nach Europa
Büro seit:
1966, Gründung von „Design M" in München
Anzahl der Mitarbeiter:
70
Projektleiter beim Roma:
*Heike Dewald
Innenarchitektin Dipl.-Des.
geb. 1964 in Saarburg*
*Bernhard Dessecker
Innenarchitekt und Designer
geb. 1961 in München*
*Sebastian Utermöhlen
Architekt Dipl.-Ing.
geb. 1962 in München*
Arbeitsschwerpunkte:
Lichtdesign
Ausstellungen:
Aufnahme von Leuchten in Sammlungen verschiedener Museen, wie das Museum of Modern Art in New York; verschiedene Ausstellungen in Paris, Rom, New York
Auszeichnungen und Preise:
*Mehrere Design-Auszeichnungen
1999: Designpreis der Stadt München
2000: Internationaler Designpreis der Stadt Barcelona
Lucky Strike Designer Award 2000 der Raymond Loewy Foundation*

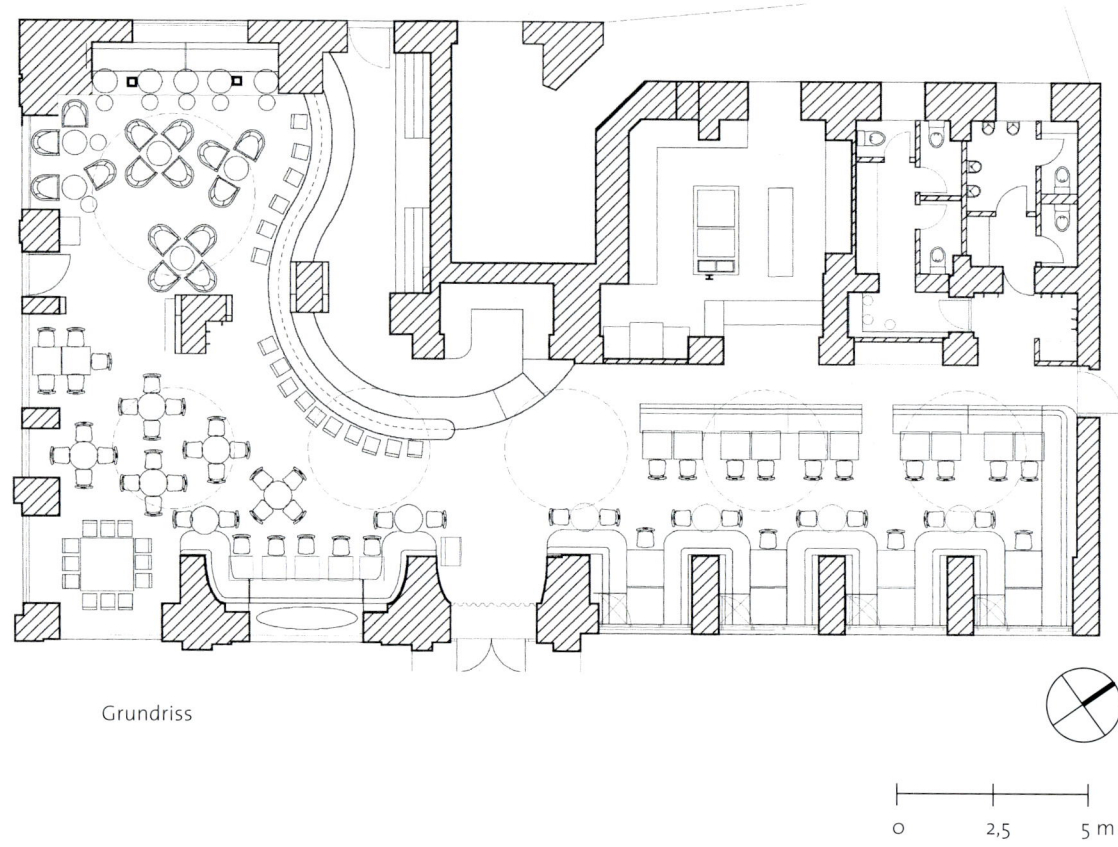

Grundriss

0   2,5   5 m

Roma

Die Thekenplatte aus Zinn wurde in einer selten ausgeführten Technik handgefertigt.

B 72
Musiklokal in Wien

Am Inneren Wiener Gürtel werden seit einiger Zeit die denkmalgeschützten Stadtbahnbögen mit den berühmten Stationen von Otto Wagner renoviert. Dies geschieht im Rahmen des „URBAN Gürtel Plus"-Projekts, das die Revitalisierung des gesamten Wiener Gürtels zum Ziel hat. Schrittweise sollen alle Stadtbahnbögen zwei Glasfassaden erhalten. Dadurch wird das Umfeld der Bögen, die als wichtige Verkehrsverbindung Wiens die U-Bahntrasse führen, aufgewertet.

Die Innenarchitekten Iris und Michael Podgorschek verwandelten zusammen mit dem Künstler Hans Riedel die beiden miteinander verbundenen Stadtbahnbögen 72 und 73 – kurz B 72 – in ein Musiklokal für Livekonzerte, DJ-Clubabende und Videoprojektionen. Nach der Fassadengestaltung von Architektin Silja Tillner griffen sie das Konzept – Transparenz der Bögen – auf und bezogen das urbane Umfeld in das Musiklokal mit ein.

Gleichzeitig wird durch die Transparenz das Lokal auch in den Außenraum getragen, die Video- und Diaprojektionen sind weithin sichtbar. Die Lage an einer der meistbefahrenen Straßen Wiens ist zumindest in einem Punkt ideal: es gibt keine Anwohner, die sich an der lauten Musik stören könnten. Die Glasfassade wiederum hat einen so hohen Schalldämmwert, dass man innen gar nichts vom Verkehrslärm hört.

Die Stadtbahnbögen stehen unter Denkmalschutz, erlauben keine baulichen Veränderungen und können ebenso wenig wie die Glasfassaden für statische Zwecke genutzt werden. Die Architekten haben daher einen unabhängigen Baukörper schräg in den Raum gestellt, der durch seine Glaselemente gleitend mit der Glasfassade verbunden ist. Im Erdgeschoss befinden sich die WC-Anlagen, dazwischen führt eine Stahltreppe ins Obergeschoss, wo ein Büro, ein Lagerraum und die Lüftungstechnik untergebracht sind. Die geneigte Vorderwand des eigenständigen Baukörpers dient als Projektionsfläche für Videoclips. Darunter bildet die großzügige Bar das zentrale Element im Bogen 73. Sie besteht aus einem Niroblock, auf dem die Gläser stehen. Darüber scheinen halbierte Baumstämme aus Fichtenholz auf schlanken Stahlprofilen zu schweben. Diese so genannten Dippelbäume sind Überreste von Abbruchholz. Iris Podgorschek sagt dazu: „Es war nicht einfach, die richtigen Dimensionen zu finden. Die Stammoberflächen wurden nicht nachgearbeitet. Holz ist ein alltägliches Material, es soll die Dynamik des Werdens und Vergehens in der Stadt symbolisieren." Dieses „Lümmelbord", wie es die Architekten nennen, hat etwas Haptisches, es verändert sich im Laufe der Zeit durch den hautnahen Kontakt mit dem Benutzer. Es wird mit Autoscheinwerfern von oben beleuchtet, eine Anspielung auf die urbane Lage am vielbefahrenen Gürtel. Der Barkorpus aus Edelstahl zeigt dagegen eine streng funktionale Klarheit. Ungewöhnlicher und attraktiver Blickfang über der Bar: ein sich langsam drehendes Flaschenkarussell. Es ist an der auskragenden Deckenplatte der Klimazentrale montiert. Eine pfiffige Idee der Architekten, da die Wandfläche für ein Regal nicht ausreichte. So werden dem Besucher die Spirituosen „am laufenden Band" präsentiert.

Öffnungszeiten:	19.30–4.00 Uhr
Eröffnungstermin:	9.5.1998
Betreiber:	Molin, Weingartner OEG
Investitionssumme:	keine Angaben
Fläche:	EG: 125 m^2, OG: 65 m^2
Anzahl der Sitzplätze:	max. 64
Bauaufgabe:	Altbau / Denkmalsanierung

B 72 Gürtelbogen 72+73
Homepage: www.b72.at A-1080 Wien

Der Baukörper über der Bar enthält das Büro, Lagerräume und Technik. Die schräge Vorderwand dient als Projektionsfläche für Videos.

Eine Rampe verbindet die beiden Bögen miteinander. Von ihr aus blickt man direkt auf die schwarze Bühne vor der Rückwand des Bogens 72. Sie kann in der Größe verändert werden und bietet Platz für alle Arten von Live-Musik-Veranstaltungen. Tische und Stühle werden nur bei Bedarf aufgestellt, sie sind rasch zerlegt und werden unter der Bühne verstaut. Eine Stahltreppe aus gekantetem Alu-Riffelblech führt auf eine Galerie, eine eingezogene Stahlbetondecke, die auf einem Sichtbetonrahmen mit integrierten farbigen Flächen ruht. Das Geländer aus Stahl ist auf der Fassadenseite mit Glas gefüllt und hat gebrauchte Rolltreppenhandläufe. Dies ist eine Anspielung auf die U-Bahn, die im 3-Minuten-Takt spürbar über die Stadtbahnbögen fährt.

Das Hauptanliegen der Architekten, das urbane Umfeld so weit wie möglich in den Innenraum mit einzubeziehen, wurde wirkungsvoll umgesetzt: Steht man oben auf der Galerie und sieht den Verkehr rechts und links wie in einem Stummfilm an sich vorbeifließen, verwischen sich die Grenzen zwischen innen und außen. Ein Raumerlebnis, das man nicht so schnell vergisst.

Blick auf die Galerie. Die eingezogene Stahlbetondecke ruht auf einem Sichtbetonrahmen.

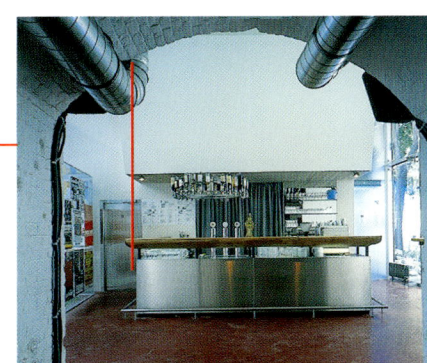

Das Flaschenkarussell

Neues Leben für alte Bausubstanz: Die alten Stadtbahnbögen am Inneren Wiener Gürtel.

Name:
Iris Podgorschek, M.A.
Geburtsdatum:
22.12.1964 in Wien
Name:
Michael Podgorschek, M.A.
Geburtsdatum:
17.6.1957 in Wien
Werdegang (beide):
Studium in Wien an der Hochschule für angewandte Kunst, Meisterklasse für Industrial Design, u.a. bei Hans Hollein, Hermann Czech und Boris Podrecca
gemeinsames Büro seit:
1992
Anzahl der Mitarbeiter:
1–3
Arbeitsschwerpunkte:
Möbeldesign, Industriedesign, Innenarchitektur, Grafik, Video, Multimedia
Studien- und Arbeitsaufenthalte:
Yogjakarta und Bali, Indonesien, Los Angeles, USA, Kyoto und Fujino, Japan
Ausstellungen:
Zahlreiche Ausstellungen in Wien, Salzburg, Prag, Berlin, Hannover, Frankfurt, Mailand
Preise:
Verschiedene Preise, u.a. ein Arbeitsstipendium der Hochschule für angewandte Kunst und ein Japanstipendium des BMfUK
Publikationen:
Zahlreiche Publikationen in österreichischen und deutschen Fachzeitschriften und Tageszeitungen

Name:
Hans Riedel
Geburtsdatum:
17.2.1966 in Rio de Janeiro
Werdegang:
Ausbildung zum Bildhauer, Studium der Philosophie, Kommunikationswissenschaft und der angewandten Kunst
Arbeitsschwerpunkte:
*Objekt- und Kontextkunst, Design und Lichtgestaltung, Innenarchitektur.
Mitarbeit in der Werkstatt Franz West in Wien, Arbeit an eigenen Kunstprojekten in Europa und Brasilien*
Publikationen:
Herausgeber der Zeitschrift „Artefakt" (1983 –85)

Die Treppe aus Alu-Riffelblech hat gebrauchte Rolltreppenhandläufe, eine Anspielung auf die Nähe zur U-Bahn.

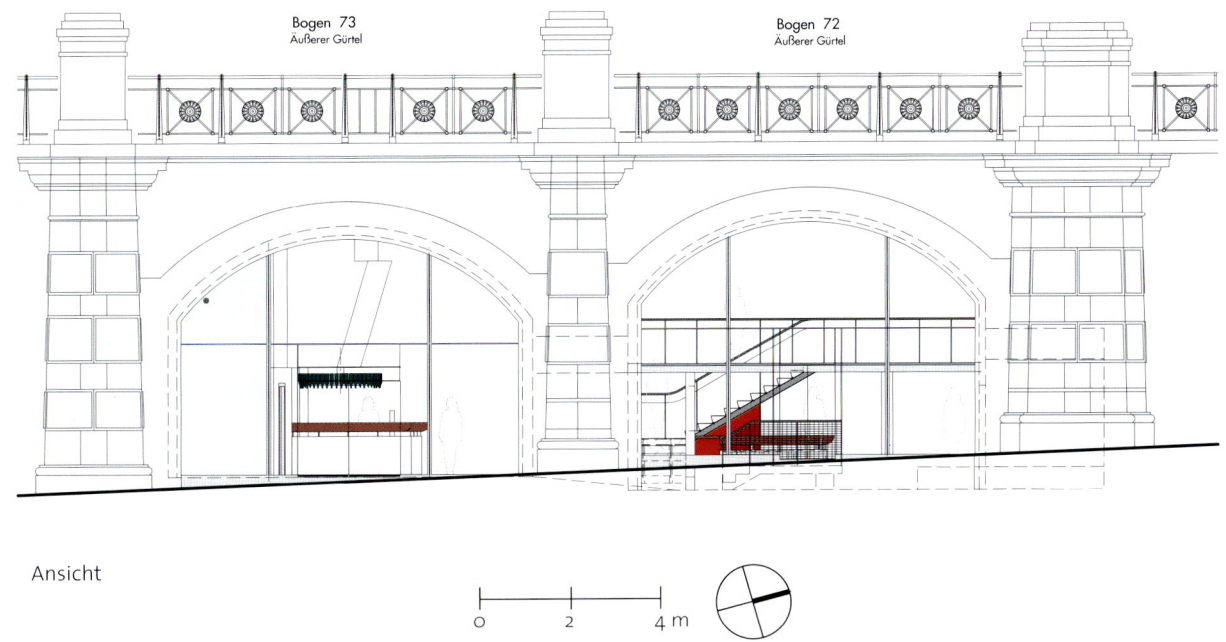

Ansicht

Grundriss

Café Andersen
Café im Hamburger Einkaufszentrum

Das Café Andersen im Hamburger Einkaufszentrum wurde in einen bestehenden Rohbau „hineingeplant". Es besticht durch klare, prägnante Formen und eine übersichtliche Raumgestalt. Die vorhandene Betonkonstruktion des Neubaus gab den äußeren Rahmen sowohl für die Fassadengestaltung als auch für die Raumaufteilung vor. Der Architekt Meinhard von Gerkan und sein Team setzten es sich zum Ziel, mit diesem Café durch die Klarheit von Funktion, Farbe und Material ein zeitloses Ambiente zu schaffen.

Zwei gegensätzliche Grundformen prägen den zweigeschossigen Raum: die streng geradlinige Ausrichtung von Grundriss und Treppe einerseits und andererseits die runde Form der Einbauten. Blickfang im ringsum verglasten, lichtdurchfluteten Verkaufsraum ist der Tresen, dessen Rückwand wie eine mehrstöckige Torte gestaltet ist. Durch seine runde Form hat man von jeder Stelle im Raum aus einen guten Überblick über das kulinarische Angebot und direkten Kontakt zum Verkaufspersonal. Hinter dem Tresen sind in einer Art metallischem Waggon die nötigen Nebenräume wie zum Beispiel die Toiletten untergebracht. Über den Verkaufsraum, den Servicekern und den dahinter liegenden Gastraum spannt sich ein Tonnengewölbe aus industriell gefertigtem Profilblech. Es verbindet die drei Bereiche optisch miteinander und fasst den Raum wie ein Schutzdach von oben ein. Das Gewölbe wird von Industriescheinwerfern angestrahlt, deren Licht von dem Profilblech wieder reflektiert wird. Dadurch wird der Raum auch im mittleren Bereich gut ausgeleuchtet und die kühl-elegante Raumstimmung, die von den Sitzmöbeln und Cafétischen aus Metall ausgeht, noch betont. Der Fußboden aus Schweizer Birnbaumholz, die Wandvertäfelung und die Holz-Treppenstufen bilden hierzu einen angenehm warmen Kontrast. Die einläufige Treppe im Gastraum – eine filigrane Stahlkonstruktion mit Trittstufen aus Holz – führt auf die Empore mit den gemütlichen Sitznischen und bietet gleichzeitig nach beiden Seiten einen Blick in den zweigeschossigen Raum. Großformatige Bilder an den Wänden illustrieren den Herstellungsprozess verschiedener Kuchen und Torten und regen den Besucher, der hier eine kurze Erholungspause von seinen Einkäufen sucht, dazu an, von den Angeboten der Konditorei zu probieren.

Das Konzept der Innenraumgestaltung besticht durch die Kombination von gegensätzlichen Materialien und durch prägnante, einfache Formen. Entstanden ist ein Café, dessen Atmosphäre durch eine kühl-sachliche Eleganz geprägt ist, die durch warme Holztöne aufgelockert und unterstrichen wird. Nostalgischen Omaplüsch und oberflächlichen Eisdielen-Chic sucht man hier vergeblich.

Die einläufige Treppe auf die Galerie unterstreicht den streng geradlinigen Grundriss des Cafés.

Café derzeit geschlossen	
Eröffnungstermin:	28.2.1991
Betreiber:	Adolf Andersen
Investitionssumme:	DM 1,2 Mio
Fläche:	340 m²
Anzahl der Sitzplätze:	70
Bauaufgabe:	Ausbau
Café Andersen Einkaufszentrum	Hamburger Straße 22083 Hamburg

Name:
*Meinhard von Gerkan,
Prof. Dipl.-Ing., Architekt*
Geburtsdatum:
3.1.1935
Studienort:
Braunschweig
Büro seit:
1965
Anzahl der Mitarbeiter:
300
Arbeitsschwerpunkte:
Öffentliche Bauten, Verkehrsbauten, Veranstaltungs- und Ausstellungsbauten, Wohnbauten, Hotels, Bildungsstätten, Städteplanung, Interior Design
Lehrtätigkeit und Veröffentlichungen:
Seit 1974 Professor für Entwerfen an der Universität Braunschweig
Zahlreiche Veröffentlichungen im In- und Ausland
Auszeichnungen und Preise:
*Zahlreiche Auszeichnungen, u.a.:
1995: Honorary Fellow des American Institute of Architects
1995: Ehrenauszeichnung der mexikanischen Architektenkammer
2000: Verleihung des Fritz-Schumacher-Preises
Projektpartner bei Café Andersen: Klaus Staratzke
Projektpartner bei Restaurant VAU: Doris Schäffler, Stephan Schütz, Gregor Hoheisel*

Der metallische Waggon hat die Funktion eines Gebäudekerns und fasst die Nebenräume sowie den Servicebereich zusammen.

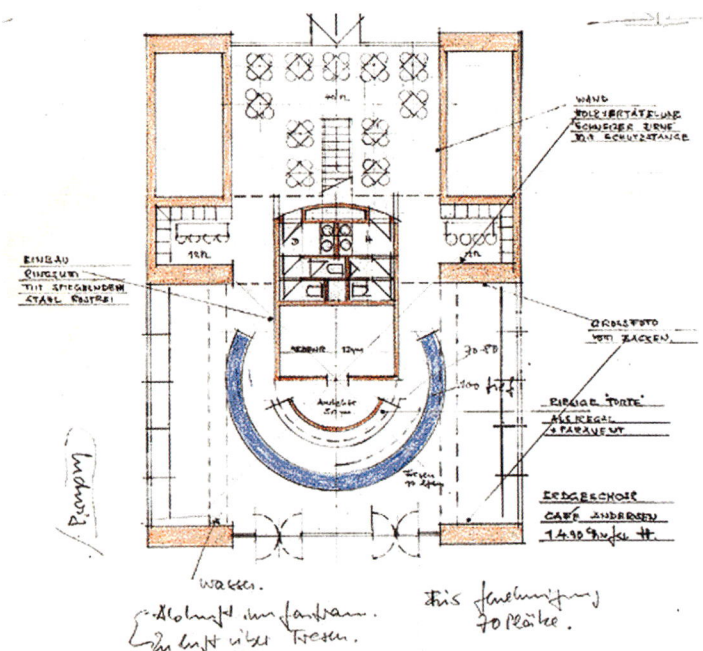

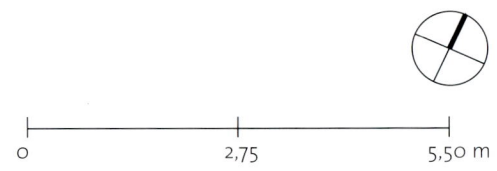

Grundriss

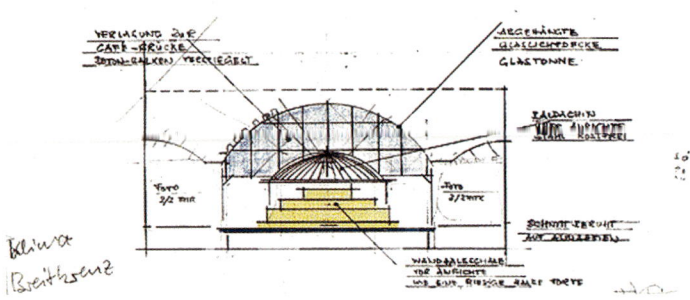

Schnitt

46 | 47   Café Andersen

Die Betonkonstruktion des Neubaus prägt die Fassadengestaltung.

Das Tonnengewölbe aus Profilblech wird von Industriescheinwerfern angestrahlt.

Sushi + Soul
Japanisches Restaurant in München

Japanisch essen in fernöstlichem Ambiente, und dabei nicht auf fröhliche Geselligkeit verzichten – das bietet das Sushi + Soul im Münchner Glockenbachviertel. Der Designer Jean-Christophe Durussel legte bei der Innenraumgestaltung Wert darauf, das Flair eines japanischen Restaurants mit der Atmosphäre eines lebendigen Szenetreffs zu verbinden. Die für japanische Verhältnisse eher untypische Cocktailbar gleich hinter dem Eingang sowie die abwechslungsreiche Anordnung der Tische und Stühle sorgen für einen lockeren, lebendigen Touch, der das gesamte Lokal durchdringt.

Zentrales Element der Inneneinrichtung ist ein 8,50 Meter langer Tisch. Er folgt der Achse, die sich aus der Anordnung der Säulen und der angedeuteten Säulenattrappen gegenüber ergibt und steht auf einem Podest, wodurch Blickkontakt mit den Gästen an der Sushi-Bar möglich ist. Dieser Kunstgriff fördert die Kommunikation und verspricht viel Geselligkeit, die man so in traditionellen japanischen Restaurants nicht unbedingt findet. Kleine Gruppen verteilen sich gerne auf die runden Sitznischen an den Fenstern, hier bietet die entlang der Wand durchlaufende Sitzbank auch genügend Platz für überraschend hinzukommende Gäste. Gegenüber, auf der anderen Seite der Raumachse, können die rechteckigen Tische zu einer weiteren langen Tafel zusammengestellt werden.

Echtes japanisches Ambiente vermittelt die Sitznische mit den Tatamimatten und den Rückenkissen. Bevor man das Podest betritt, zieht man – nach japanischer Tradition – seine Straßenschuhe aus und stellt sie in ein dafür vorgesehenes Regal. Dem ungewohnten Kniesitz entgeht man durch die Vertiefung unterm Tisch, die genügend Platz zum Ausstrecken der Beine bietet. Fernöstliches Flair verbreitet auch die vor einer Schlageisenplatte an der Rückwand angebrachte große thailändische Wurzel.

Während japanische Restaurants häufig durch helles Holz und Papierwände einen einheitlich hellen Charakter aufweisen, wechseln im Sushi + Soul helle und dunkle Töne harmonisch miteinander ab. Helles Lindenholz bestimmt den langen Tisch und die Sushi-Bar mit der blau angestrahlten, an einen Wasserfall erinnernden Rückwand. Dagegen bilden die übrigen Tische aus dunklerem Kirschbaumholz, der Tresen der Cocktailbar sowie die Stehtische aus dunkel gefärbtem Holz einen angenehmen Kontrast. Die indirekte Beleuchtung der rotlackierten Bar und der Wände im Stehtischbereich hat eine warme, geheimnisvolle Aura, die durch Kerzen auf den Tischen sowie auf der Theke noch verstärkt wird. Wandleuchten aus unbehandelten Dachziegeln sorgen für gedämpftes Licht im gesamten Lokal.

Mit dem Sushi + Soul ist ein Restaurant entstanden, das mit seiner ungewöhnlichen Möblierung und geschickten Beleuchtung fernöstliche Tradition mit modernen Stilelementen kombiniert. In diesem stimmungsvollen Ambiente kommt jeder auf seine Kosten: Japan-Liebhaber ebenso wie das junge Münchner Publikum, für das sich hier ein beliebter Szene-Treff etabliert hat.

Öffnungszeiten:	18.00–1.00 Uhr, Fr./Sa. 18.00–2.00 Uhr
Eröffnungstermin:	Mai 1999
Betreiber:	Christian Herbst
Investitionssumme:	DM 800.000
Fläche:	ca. 220 m²
Anzahl der Sitzplätze:	170
Bauaufgabe:	Umbau
Sushi + Soul Japanisches Restaurant	Klenzestr. 71 80469 München

Der 8,50 Meter lange Tisch steht auf einem Podest. Dies ermöglicht Blickkontakt mit den Gästen an der Sushi-Bar.

Name:
Jean-Christophe Durussel
Geburtsdatum:
14.6.1959
Studienort:
Paris
Büro seit:
1986
Anzahl der Mitarbeiter:
6
Arbeitsschwerpunkte:
Gastronomie, Veranstaltungen, Bühnenbild

Die warme, fast geheimnisvolle Atmosphäre der Cocktailbar entsteht durch indirekte Beleuchtung und wird durch Kerzen noch verstärkt.

Sushi + Soul

Die Sitznische mit Tatami-matten. Hier muss man nach alter Tradition die Straßenschuhe ausziehen.

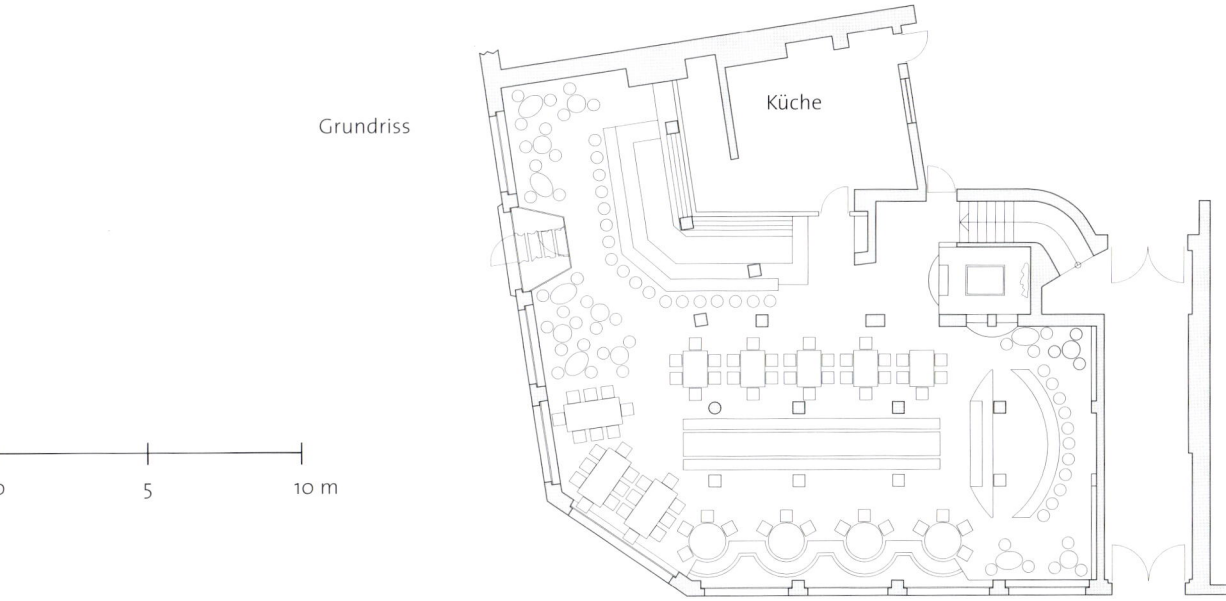

Grundriss

Küche

0　　5　　10 m

Schwarzes Café
Café-Bar in Frankfurt

An der belebten Schweizer Straße in Frankfurt wirkt das Schwarze Café des Schweizer Architekten Max Dudler wie ein Ruhepol. Die symmetrische Fassade mit den zwei gleich großen Fensterflächen weist bereits außen auf die Trennung des Innenraums in Cocktailbar und Restaurant hin. Man betritt das Lokal genau zwischen den Fenstern und muss sich entscheiden, ob man rechts die Bar oder lieber links das Café-Restaurant besuchen will.

Das Schwarze Café – wie der Name schon sagt, dominiert hier die Farbe Schwarz – zeichnet sich durch eine klare und strenge Raumaufteilung aus, für die Max Dudler international bekannt ist: „Räume entstehen nur durch Klarheit. In diesem Café spielt dabei die Trennung der Bar vom Restaurant durch eine schwarz lackierte Wand eine zentrale Rolle." Dadurch entstanden zwei schmale, tiefe Räume, die durch große Spiegel an den Stirnseiten noch einmal so tief erscheinen. Die übersichtliche Anordnung der Möbel – entlang der Wand verläuft zum Beispiel eine gepolsterte, lederbezogene Sitzbank – unterstreicht den ruhigen Raumcharakter.

Der schwarze Raumteiler, der nicht bis an die Decke reicht, besteht aus zwei Wänden mit einem Zwischenraum von knapp 1 Meter Breite. Hier sind die Nebenräume untergebracht: zwei winzige WC-Kabinen, eine Garderobe sowie eine Telefonnische. Bar und Restaurant sind über Durchgänge miteinander verbunden. Zum Schwarz der Wandverkleidungen, der Trennwand, der Möbel und der Spiegelrahmen bildet das Weiß der Tischdecken und der Stuckdecke einen edlen Kontrast. Kleine quadratische Leuchten – flächenbündig im oberen Bereich der schwarz lackierten Wandverkleidung und des Raumteilers eingelassen – erzeugen ein gedämpftes Licht, das sich im Spiegel und im schwarzen Lack widerspiegelt. Zusätzlich steht auf jedem Tisch eine Kerze. Die dezente Beleuchtung verleiht zusammen mit den schwarzen Möbeln und dem dunklen Holzfußboden dem Restaurant eine fast geheimnisvolle Aura.
Der Erfolg dieses ungewöhnlichen Raumkonzepts spricht für sich: das mittlerweile legendäre Schwarze Café existiert bereits seit 15 Jahren und hat doch nichts an Beliebtheit eingebüßt.

Öffnungszeiten:	Mo–Do 12.00–1.00 Uhr, Fr 12.00– 2.00 Uhr, Sa 11.00–2.00 Uhr, So 11.00–1.00 Uhr
Eröffnungstermin:	1986
Betreiber:	Dr. Thomas Keussmann
Fläche:	100 m²
Anzahl der Sitzplätze:	51, im Barbereich 11, auf der Terrasse 25
Bauaufgabe:	Umbau / Einbau in ein bestehendes Gebäude

Schwarzes Café
Café-Bar
Schweizer Straße 14
60594 Frankfurt am Main

Große Spiegel am Raumende lassen die Bar doppelt so tief erscheinen.

Biographie siehe
Sale e Tabacchi, S. 12

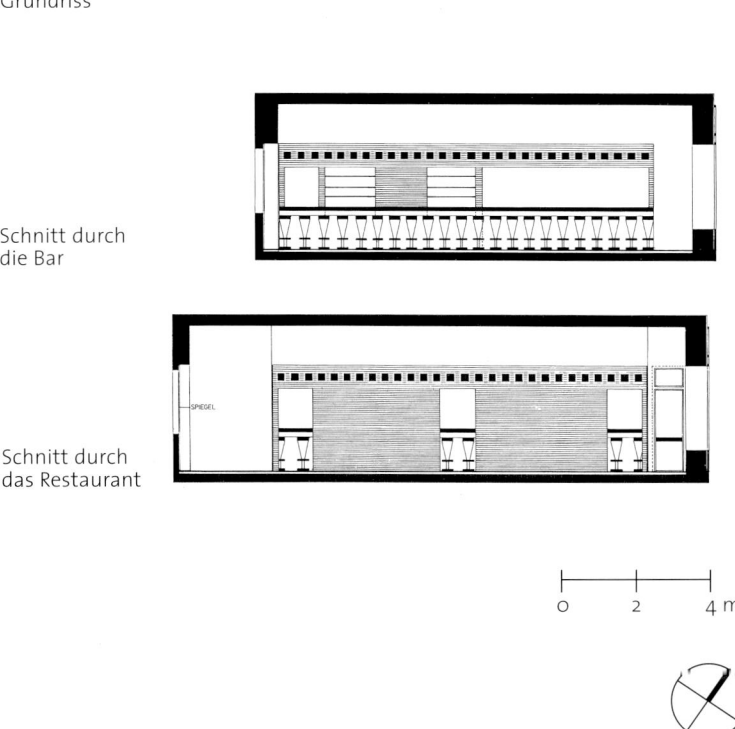

Grundriss

Schnitt durch
die Bar

Schnitt durch
das Restaurant

Schwarzes Café

Die Fassade ist streng symmetrisch: rechts befindet sich die Bar, links das Restaurant, der Eingang liegt dazwischen.

Die weißen Tischdecken bilden zu den schwarz lackierten Wänden und den schwarzen Möbeln einen edlen Kontrast.

VAU und Kohlenkeller
Restaurant mit Bar in Berlin

Rechte Seite:
Der Lichtspalt am Raumende – ein angestrahltes Edelstahlprofil – wirkt wie ein leicht aufgeschobener Fensterladen.

In der Nähe des historischen Berliner Gendarmenmarkts, einem der schönsten Plätze Europas, befindet sich das Restaurant mit dem Fantasienamen VAU. Es bietet sowohl in kulinarischer als auch in architektonischer Hinsicht Hochwertiges. Zum Restaurant im Erdgeschoss eines repräsentativen Hauses aus der Gründerzeit gehört eine Bar im Untergeschoss, der so genannte Kohlenkeller.

Der Architekt Meinhard von Gerkan und seine Mitarbeiter gliederten den etwa 30 Meter langen ebenerdigen Raum in mehrere Abschnitte. Der Salon im vorderen Bereich ist mit raumhohen Schiebetüren für geschlossene Gesellschaften von maximal 20 Personen abtrennbar. Im mittleren Bereich stehen an der Wand Bistrotische eng nebeneinander, sie lassen sich auch zu einer langen Tafel kombinieren. Gegenüber, am Fenster zum Innenhof, bieten runde Tische Platz für 4 – 5 Personen und im hinteren Raumabschnitt gibt es eine zusätzliche Sitznische, die von den Gästen gerne „Kuschelecke" genannt wird.

Massives Schweizer Birnbaumholz prägt den Innenraum des VAU und verleiht ihm einen edlen, exklusiven Charakter. Er wird von den zeitlos-eleganten Thonet-Freischwingern noch unterstrichen. In dem perforierten Tonnengewölbe aus Birnbaumholz, das die extrem lange Raumflucht zusätzlich betont, sind Schalldämmung, Lüftungskanäle sowie Leuchten untergebracht, darüber befindet sich die Klima- und Elektroversorgung. Ein unter das Gewölbe gespanntes halbrundes Edelstahlprofil reflektiert das Licht und sorgt so für eine indirekte Raumbeleuchtung. Dennoch fehlen nicht die für die Architekten typischen Würfelleuchten an den Säulen.

Die Wandverkleidungen und die – mit schwarzem Leder gepolsterten – Sitzbänke entlang der Wand, das Weinregal und die Garderobe sind ebenfalls aus massivem Birnbaumholz. Kontrastreich wirkt hierzu die schmale Stirnwand aus schwarzem Schiefer mit dem Lichtspalt in der Mitte: ein Edelstahlprofil, das hinter den Schieferplatten verläuft, wird seitlich angestrahlt. Man meint, ein Fensterladen wäre einen Spaltbreit aufgeschoben und ließe Sonnenstrahlen hindurchblitzen. An der langen Wand in venezianischem Stuccolustro werden Bilder des Malers Oliver Jordan ausgestellt. Die etwa 3 Kilo schweren Platzteller aus Bronze, das Silberbesteck und die Orchidee auf jedem Tisch runden das stilvolle Ambiente, das höchsten Ansprüchen gerecht wird, ab.

Der dunkle Bodenbelag aus amerikanischem Nussbaumholz zieht sich die Treppe hinab bis zum Kohlenkeller. Eine ungewöhnliche Idee: Eine Bar als Kohlenkeller zu dekorieren beziehungsweise einen (ehemals echten) Kohlenkeller zu einer Bar umzubauen. Sie wird nicht separat betrieben, sondern ist nur für die Gäste des Restaurants gedacht. Während oben eine gediegen-repräsentative Atmosphäre herrscht, ist das Ambiente im Untergeschoss spürbar privater. Der Raum wirkt wie eine Bibliothek. Insgesamt 1 1/2 Tonnen Braunkohle-

Öffnungszeiten:	täglich außer So 12.00–14.30 Uhr und 19.00–22.30 Uhr
Eröffnungstermin:	Februar 1997
Betreiber:	Quatac Immobilien GmbH
Investitionssumme:	DM 2 Mio
Fläche:	ca. 400 m²
Anzahl der Sitzplätze:	110 im Restaurant, 60 in der Bar
Bauaufgabe:	Umbau eines Altbaus
VAU Restaurant mit Bar	Jägerstraße 54 / 55 10117 Berlin

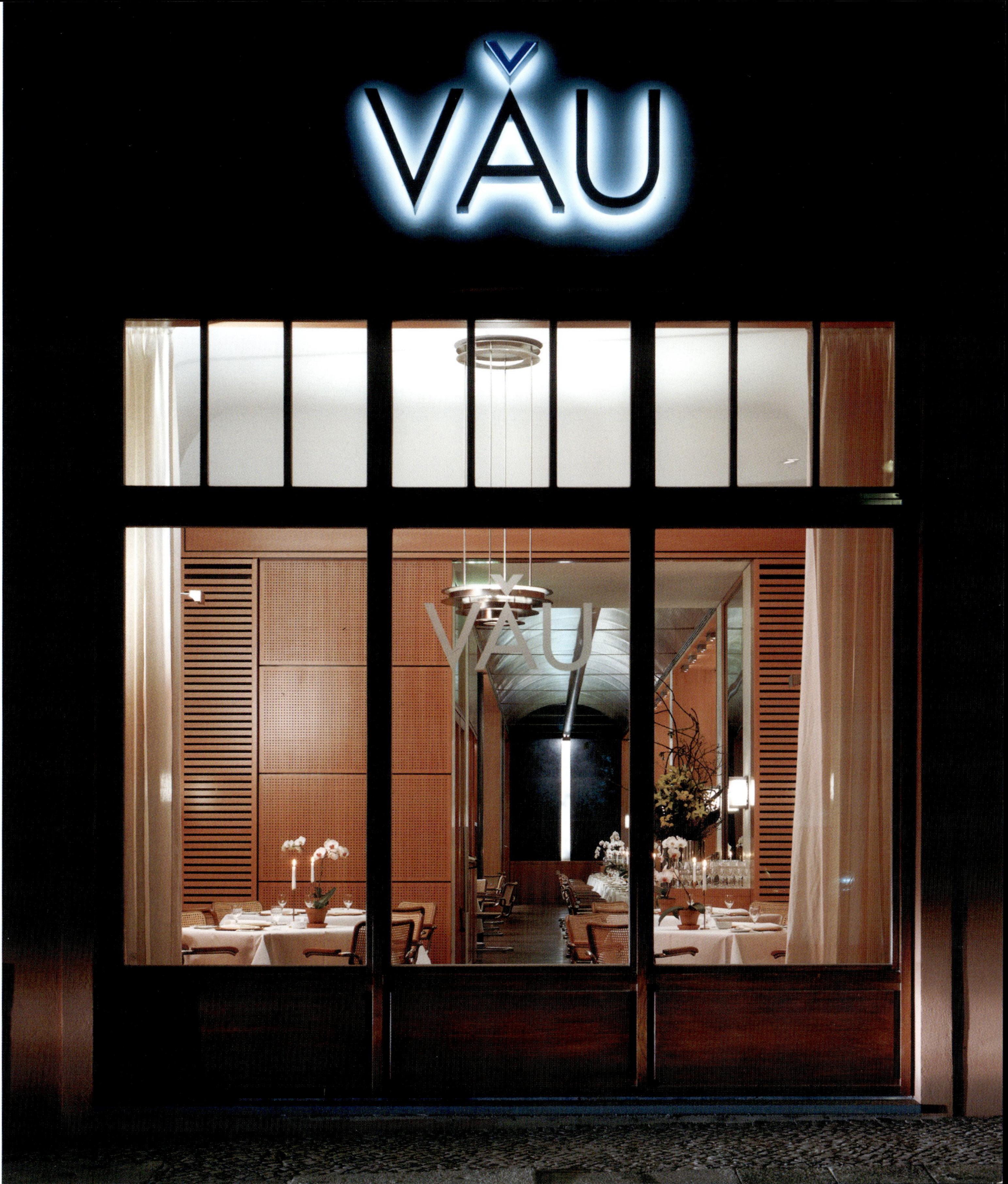

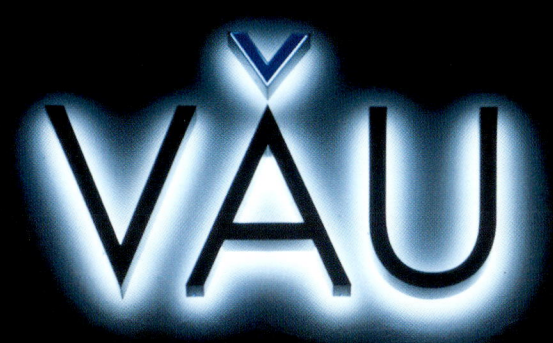

Rechte Seite:
Edle Materialien wie Birnbaumholz und Leder verleihen dem etwa 30 Meter langen Raum einen exklusiven Charakter, der durch die eleganten Thonet-Freischwinger noch unterstrichen wird.

briketts stehen wie Bücher in den Regalwänden aus massivem Birnbaumholz – jedes Fach ist einzeln beleuchtet. Die zum Schutz gegen Kohlestaub tiefengrundierten Briketts sollen an die ehemals größten privaten Kohlelager der Welt in den Kellern Ostberlins erinnern, zu denen dieser Keller hier auch gehörte. Walzstahlbezogene Stehtische mit je einer Kerze darauf und eigens für den Raum entworfene lederbezogene Clubsessel aus Birnbaumholz betonen das exklusive Ambiente. Der kühle Fußbodenbelag aus geschliffenem Schiefer passt zur unterirdischen Lage des Kohlenkellers.

Die Architekten haben mit dem VAU durch das klare Raumkonzept und die sorgfältige Materialwahl ein bis ins kleinste Detail durchdachtes Umfeld für exklusive Gastronomie geschaffen. Hier dinieren unter anderem gerne der Bundeskanzler und Mitarbeiter des nahe gelegenen Außenministeriums.

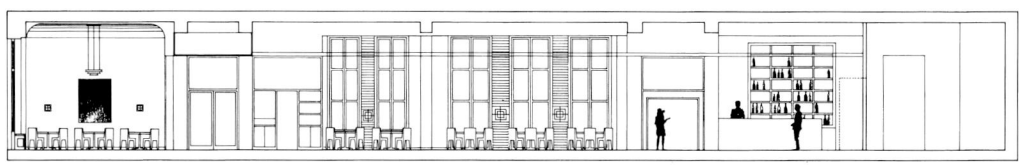

Längsschnitt

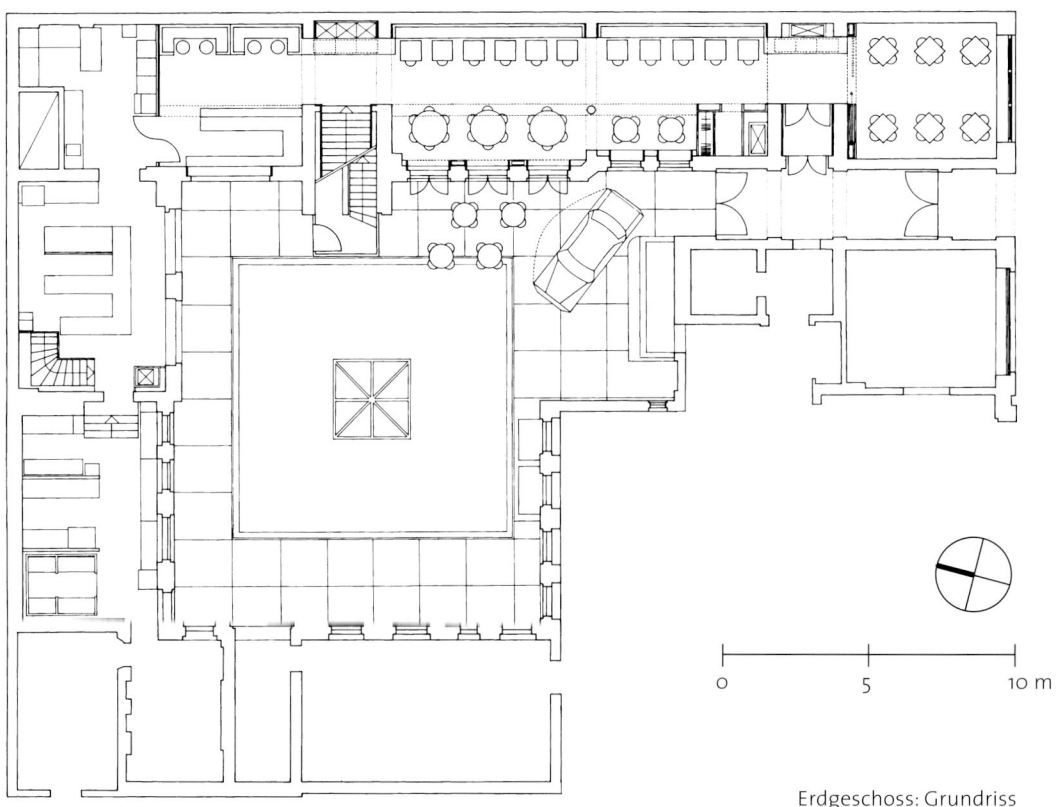

Erdgeschoss: Grundriss

Biographie siehe bei
Café Andersen, S. 46

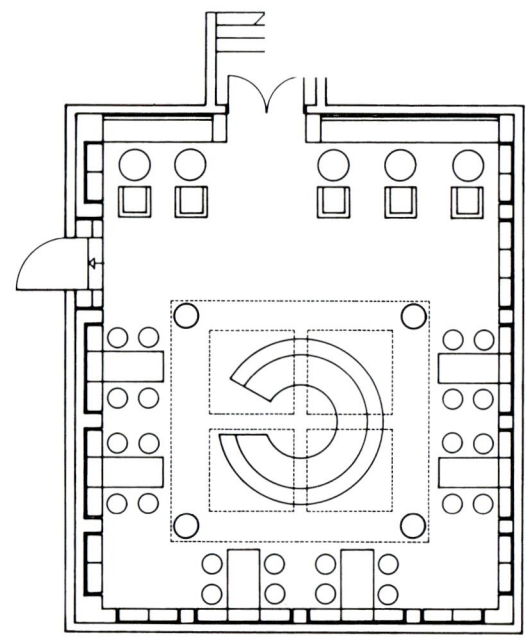

Grundriss Kohlenkeller

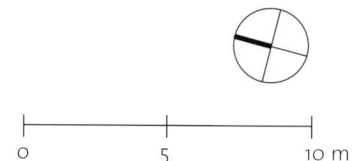

0   5   10 m

Der Kohlenkeller

VAU

Für diese Würfelleuchten ist der Architekt bekannt.

Bequem und elegant: die eigens für diesen Raum entworfenen lederbezogenen Clubsessel aus Birnbaumholz.

Die Treppe aus amerikanischem Nussbaumholz verbindet das Restaurant mit dem Kohlenkeller.

Café X-tra
Memmingen

Auf dem Marktplatz im schwäbischen Memmingen einen modernen Gastronomiebetrieb zu integrieren, ohne das historische Ensemble zu beeinträchtigen – dieser Herausforderung stellten sich der Architekt Stefan Lang und der Designer Uwe Binnberg. Nach der Sanierung eines denkmalgeschützten Stadthauses aus dem 16. Jahrhundert gestalteten sie moderne Innenräume für zwei unterschiedliche gastronomische Konzepte. Die Espressobar im Erdgeschoss bietet tagsüber eiligen Gästen Kaffee oder einen schnellen Imbiss, im Obergeschoss trifft man sich dagegen abends zum Dinner im Restaurant oder an der Nachtbar. Beide Lokale werden unabhängig voneinander betrieben, doch nach den Vorstellungen des Bauherrn sollte eine für beide Bereiche gleichermaßen gediegen-moderne Gestaltungsaussage entstehen.

Zentrale Elemente dieses einheitlichen gestalterischen Konzepts sind die Materialien Glas und Edelstahl, die sich kontrastreich von der alten Bausubstanz abheben und für kühle Eleganz sorgen. Im Erdgeschoss dominieren frische Farben. Die rote, italienisch anmutende Bar hebt sich klar vor den weiß gestrichenen Wänden ab und wirkt durch die mit Edelstahlprofilen abgesetzte Glasplatte leicht und elegant. Der (bruchfeste) Glasboden im Erdgeschoss soll symbolisch an den unter dem Gebäude hindurch fließenden Stadtbach erinnern.

Im Obergeschoss herrschen dezentere Farbtöne vor und erzeugen eine vornehme Stimmung. Die Möbel und der Boden bestehen aus dunklem, strapazierfähigem Wengenholz. Durch die 8 Meter lange, gerade verlaufende Bar aus dünnem Edelstahl wirkt der Raum etwas strenger. Für eine gewisse Leichtigkeit und Transparenz sorgen jedoch auch hier die Glasplatte auf dem Bartresen und die Mattglasscheiben, auf denen die Tageskarte angeschrieben steht. Die Wände sind nur gespachtelt, so bleibt die alte Bausubstanz klar erkennbar.

Das Lichtkonzept ist für beide Gastronomiebereiche grundverschieden. Während in der Espressobar Deckenfluter für ein indirektes, gleichmäßiges Licht sorgen, werden im Restaurantbereich durch gezielte Beleuchtung Akzente gesetzt. Hinter den Mattglasscheiben über den Stehtischen sorgen Linestra-Röhren für diffuse Lichtschimmer; Strahler unter den Tischen erzeugen Lichtreflexe in Bodennähe. Die Decke springt hinter der Bar nach oben, von dort wird das Regal hinter der Bar gezielt ausgeleuchtet und somit zum Blickfang im Lokal. Kleine Hängeleuchten über der Theke erzeugen Lichtreflexe auf den Glas- und Stahloberflächen und verleihen dem Raum ein exklusives Ambiente. Der gesamte Bar- und Restaurantbereich ist in ein mildes Licht getaucht, das je nach Stärke für hellere und dunklere Abschnitte sorgt.

Die Architekten haben durch den einfühlsamen Umgang mit der historischen Bausubstanz und der gezielten, jedoch zurückhaltenden Verwendung moderner Materialien Kontraste geschaffen, die Alt und Neu harmonisch miteinander in Beziehung setzen und eine angenehme, entspannte Atmosphäre entstehen lassen.

Öffnungszeiten:	9.00–1.00 Uhr, Fr und Sa 9.00–3.00 Uhr
Eröffnungstermin:	26.8.1997
Betreiber:	X-tra GbR, M. Greiff
Investitionssumme:	DM 950.000
Fläche:	140 m²
Anzahl der Sitzplätze:	50 (inkl. 8 Barplätze)
Bauaufgabe:	Altbausanierung und Ausbau

Café X-tra
Café und Restaurant
Weinmarkt 14
87700 Memmingen

Die rote geschwungene Bar verleiht dem Raum italienisches Flair.

Aus Glas sind auch die Türen, die zur Treppe ins Obergeschoss führen.

Der Bar-Bereich

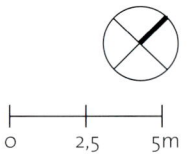

0   2,5   5m

Grundriss Restaurant

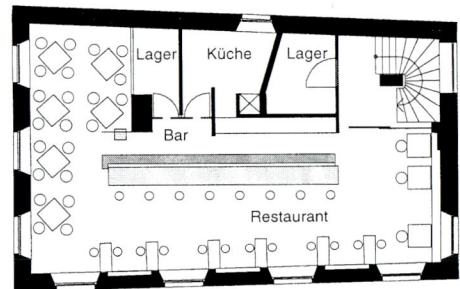

Café-X-tra

Kleine Hängeleuchten über der Glastheke erzeugen Lichtreflexe auf der glatten Oberfläche.

Im Obergeschoss dominiert die 8 Meter lange Bar aus Edelstahl den Raum.

Name:
*Stefan Lang,
Dipl.-Ing. Architekt
Büro Design Associates
(mit Uwe Binnberg, Designer)*

Geburtsdatum:
9.6.1959

Studienort:
München

Büro seit:
1992

Anzahl der Mitarbeiter:
3–5

Arbeitsschwerpunkte:
Interior Design, private Wohnhäuser, Gewerbebauten, Verwaltung, Gastronomie, Produktdesign, Sanierung und Umbauten

Lehrtätigkeit:
1992–95 am Baukonstruktionslehrstuhl TU München

Veröffentlichungen:
Zahlreiche Veröffentlichungen in verschiedenen Fachzeitschriften und Tageszeitungen (Süddeutsche, Augsburger Allgemeine)

Auszeichnungen und Preise:
*Zahlreiche Wettbewerbe
7. Preis Rathaus Traunstein*

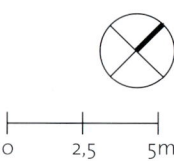

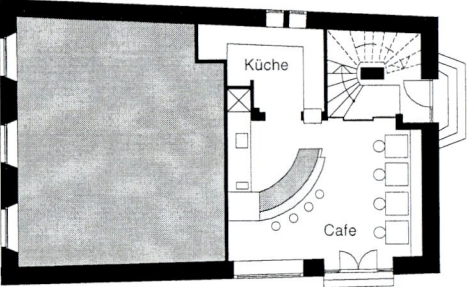

Grundriss Café

Die Glasplatte ist mit Edelstoffprofilen von der Bar abgesetzt.

66 | 67 Café X-tra

Der Glasboden im Erdgeschoss soll symbolisch an den unter dem Gebäude hindurch fließenden Stadtbach erinnern.

Sphères
Buch-Bar in Zürich

Nach einem Spaziergang an der Limmat in Zürich sollte man sich einen Drink in einem Buchladen im ehemaligen Industrieviertel genehmigen. Wie das? Inmitten von Verlagen und Künstlerateliers, zwischen dem Flussufer und einer verkehrsreichen Ausfallstraße, hat das Architektenehepaar Peter Elsohn und Tina Frei-Elsohn die einstige Warenannahme eines Porzellangroßhandels in einen Buchladen mit Bar verwandelt. Hier durchdringen sich, wie der Name Sphères schon sagt, verschiedene Sphären: Bar, Buch und Bühne.

Das Raumkonzept sieht eine Gliederung in drei Ebenen vor: die Barebene, die etwa 1 Meter höher liegende Buchebene sowie die winkelförmige Galerie über der Bar und dem Eingang. Die ruhige, beschauliche Stimmung in allen Bereichen regt zwar dazu an, sich in Bücher zu vertiefen. Doch handelt es sich hier nicht nur um eine Lesestube. Die Bauherren wünschten einen Ort, in dem sich Buchbereich, Bühne und Bar ergänzen. Flexibilität ist daher unverzichtbarer Bestandteil des räumlichen Konzepts. Die Möbel, einschließlich Teile der Bar, sind beweglich, der Raum kann in 15 Minuten von der Buch-Bar in einen kleinen Konzertsaal verwandelt werden. Dazu werden die Bücherregale umgedreht und bilden so die Rückwand einer Bühne. Für gute Akustik sorgt die mit gelochten Rigips-Platten verkleidete Decke. Auch die Beleuchtung ist variabel: sie betont die Verschiedenartigkeit der einzelnen Raumzonen, schafft helle und dunklere Bereiche und kann an die jeweilige Art der Veranstaltung angepasst werden – zweimal pro Woche finden hier Konzerte, Lesungen oder Ausstellungen statt.

In den Materialien – Stahl, Holz und Linoleum – sowie in den Farben sollte sich der ehemals industrielle Charakter widerspiegeln. Der Boden im Buch- und Barbereich ist aus Hartbeton, auf der Galerie – eine anthrazitfarben gestrichene Stahlkonstruktion trägt den Holzboden mit einer Brüstung aus Metallgittern – wurde schwarzes Linoleum verlegt. Zwischen den Stahlstützen verläuft die Bar, eine Konstruktion aus Birkensperrholz mit Linolbeschichtung.

Hier, in der Buch-Bar Sphères, kann man den ganzen Tag schmökern und über die neuesten literarischen Werke diskutieren: morgens bei einem Espresso, mittags bei einem kleinen Imbiss und abends bei einem Gläschen Wein. Natürlich kann man auch einfach nur Bücher kaufen. Den Schweizer Architekten Peter und Tina Frei-Elsohn ist es gelungen, eine außergewöhnliche Idee – die Kombination von Bar, Buch und Bühne – in überraschende Raumerlebnisse umzusetzen. Sie wurden hierfür in der Schweiz mit dem „Silbernen Hasen", geehrt, einer Auszeichnung des Schweizerischen Fernsehens DRS, der Zeitschrift „Hochparterre" u.a. (1999 in der Kategorie „Bar").

Öffnungszeiten:	Mo–Sa 9.00–24.00 Uhr
Eröffnungstermin:	September 1999
Betreiber:	Sphères GmbH
Investitionssumme:	Bau SFR 535.000
Fläche:	Buch-Ebene ca. 70 m²
	Bar-Ebene ca. 90 m²
	Galerie ca. 45 m²
	Keller (Nebenräume) ca. 50 m²
Anzahl der Sitzplätze:	99
Bauaufgabe:	Umbau und Ausbau
Sphères Buch-Bar und Bühne	Hardturmstraße 66 CH-8005 Zürich

Buchladen, Bar und Bühne: In diesem Raum – ein ehemaliger Porzellangroßhandel – durchdringen und ergänzen sich drei verschiedene Raumfunktionen.

Die Treppe auf die Galerie

Name:
*Peter Elsohn, Dipl.
Architekt SWB HTL*
Geburtsdatum:
1951
Name:
*Tina Frei-Elsohn,
Dipl.-Innenarchitektin HfG*
Geburtsdatum:
1954
Büro seit:
1984
Anzahl der Mitarbeiter:
3-4
Arbeitsschwerpunkte:
*Umbau und Sanierung
von Wohn- und Geschäftshäusern, öffentliche Bauten,
Büros, Gewerbe und
Gastronomie*
Veröffentlichungen:
*Zahlreiche Veröffentlichungen, u. a. in: Hochparterre,
SI + A, Umbauen +
Renovieren, „Klein(st)eingriffe
1990–2000" des
Hochbaudepartements der
Stadt Zürich*
Auszeichnungen und Preise:
*Wettbewerbe:
1. Preis: Alters- und
Leichtpflegeheim Fällanden
1991
2. Preis: In der Wässeri / In der
Ey 1995
Silberner Hase 1999:
Kategorie „Bar" von sfdrs /
Hochparterre / Annabelle*

Die Bar besteht aus Birkensperrholz mit einer strapazierfähigen Linolbeschichtung.

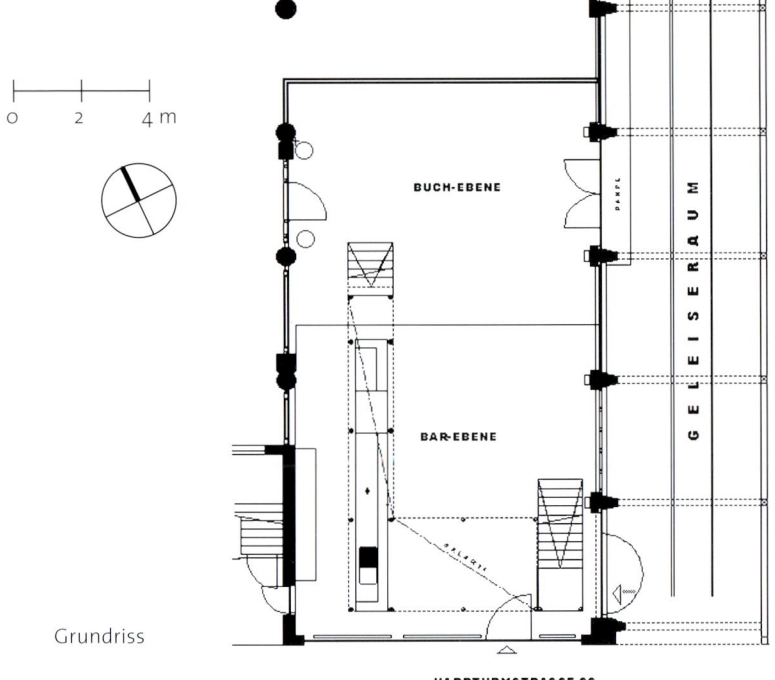

Grundriss

Sphères

Von der Buch-Bar zum kleinen Konzertsaal. In nur 15 Minuten sind alle Möbel umgestellt.

Die Theke der Bar verläuft unter der Galerie und zwischen den tragenden Stahlstützen.

Dat Backhus
Bäckerei-Café in Hamburg-Sasel

In Hamburg gibt es 70 Filialen des Bäckerei-Cafés Dat Backhus. Die Filiale im Hamburger Stadtteil Sasel, einer Siedlung aus den 30er-Jahren, präsentiert sich in besonders prägnanter Form. Wie ein Objekt aus einer anderen Welt dockt das Gebäude mit seiner gläsernen Fassade an die Giebelseite eines Altbaus an und schließt dabei wie selbstverständlich den spitzen Winkel zwischen den bestehenden Häusern.

Die beiden vollflächig und rahmenlos verglasten Fassaden betonen die Leichtigkeit und völlige Transparenz des Baukörpers. Genau darauf kam es dem Architekten André Poitiers für seine „Backhäuser" an: Von der Straße aus soll ein ungehinderter Blick auf den Caféraum und auf die dort ausgelegten Backwaren möglich sein. Nur der gelbe Schriftzug „Dat Backhus", der sich über die Glasscheiben zieht, erinnert daran, dass man doch besser die durch zwei Sichtbetonstufen markierten Türen benutzt, um ins Innere zu gelangen.

Nur zwei Farben dominieren den Innenraum, was ihm eine nüchterne, betont moderne Ausstrahlung verleiht – weniger ist mehr. Der kunstharzbeschichtete Fußboden ist wie die Wandflächen und die Kunststoff-Sitzschalen der Eames-Stühle hellgrau gehalten. Dagegen bilden die orange-gelb lackierten Aluminiumplatten auf den Tischgestellen aus Edelstahl, der im selben Farbton gehaltene Schriftzug auf der Fassade und die Eiffelturm-Gestelle der Stühle einen klaren Kontrast. Die einzige Raumdekoration besteht aus dem in Gips eingelassenen Schriftzug „Dat Backhus", der wie ein ausgestanztes Schriftband die Wandfläche entlang läuft.

Der Architekt André Poitiers und seine Mitarbeiter haben hier mit wenigen Stilmitteln einen bis ins Detail schnörkellosen Raum geschaffen, der durch seine klare Ästhetik wie ein abstraktes Kunstwerk wirkt. Hier möchte man einfach nur verweilen und schauen. Dabei vergisst man fast, dass man hier auch Brot kaufen oder Kaffee trinken kann.

Öffnungszeiten:	Mo–Fr 6.30–19.00 Uhr, Sa 6.30–16.00 Uhr, So 6.30–18.00 Uhr
Eröffnungstermin:	Oktober 1999
Betreiber:	Heinz Bräuer & Co KG.
Investitionssumme:	DM 800.000
Fläche:	150 m²
Anzahl der Sitzplätze:	36
Bauaufgabe:	Sanierung, Umbau, Anbau
Dat Backhus Bäckerei-Café	Saseler Markt 13 22393 Hamburg

Wie eine gläserne Hülle schiebt sich der Verkaufsraum in die Lücke zwischen zwei Altbauten.

Biographie siehe bei
Backhus Harvestehude,
S. 26

Eames-Stühle an Tischen aus Edelstahl und Aluminium: die Möbel wirken fast wie ein abstraktes Kunstwerk.

Die Farben Grau und Gelb geben dem Raum eine nüchterne, betont moderne Ausstrahlung.

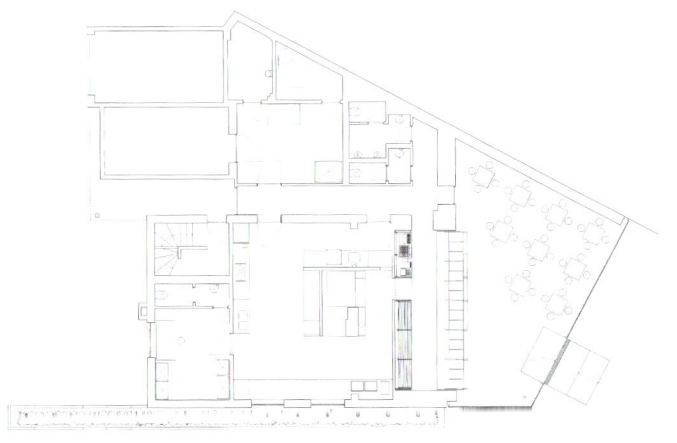

Grundriss

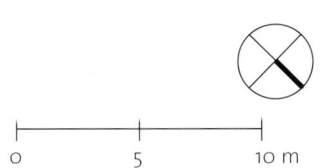

Dat Backhus

Der in Gips eingelassene Schriftzug entlang der Wand bildet die einzige Raumdekoration.

Zwei Sichtbetonstufen markieren den Eingang.

First Floor
Amerikanische Cocktailbar in Wien

In der Wiener Altstadt, wo sich eine Bar an die nächste reiht, findet man an der Ecke Rabensteig zwei Lokale übereinander – im Erdgeschoss das Ron con Soda, eine kleine kubanische Rum-Bar und im Obergeschoss das First Floor, eine klassische amerikanische Cocktailbar. Für beide Bars hat das Architektenbüro Gregor Eichinger oder Christian Knechtl die Innenraumgestaltung übernommen, an der Fassade war jeglicher Eingriff durch das Bundesdenkmalamt untersagt.

Über eine separate Treppe gelangt man in das First Floor. Es besteht aus einem langen schmalen Raum, der ursprünglich durch eine massive Stützwand geteilt war. Durch die Öffnung dieser Wand ergaben sich zwei Raumbereiche, die durch ihre Möblierung einen unterschiedlichen Charakter erhielten: der vordere Abschnitt wirkt wie ein Bistro, der hintere erinnert an eine Lounge.

Als inhaltliches, aber nicht gestalterisches Vorbild für das First Floor diente den Architekten sowohl die Bar Floridita in Havanna – ein Stammlokal Hemingways – als auch die alte Wiener Mounier-Bar aus den 30er-Jahren in der Kärntnerstraße, die besonders Ende der 80er-Jahre zur Kult-Bar avancierte. Nach ihrer Schließung kaufte der Besitzer des First Floor Teile der alten Inneneinrichtung auf. Dadurch konnten die Architekten die gestufte Decke aus amerikanischem Nussbaumholz, die Verkleidung der tiefen Fensternischen – die Oberflächen der Paneele wurden im Originalzustand belassen –, die Stühle und Tische sowie den Wandteppich am Raumende in das Konzept für die Innenraumgestaltung mit einbeziehen. Das Motiv des Wandbehangs findet seine dreidimensionale Entsprechung im Aquarium, dem zentralen Element des Lichtkonzepts: Fische wird man hier vergeblich suchen, nur Pflanzen wiegen sich sanft im Wasser und vermitteln den Eindruck von fließendem Licht – dieses Spiel von Licht und Bewegung bestimmt den gesamten Raum. Gregor Eichinger: „Der rötliche Farbton der Holztäfelung mildert die eher kalten Grün-Blau-Anteile aus dem Aquarium. Da diese die Hauptlichtquelle der Bar sind, wird vermieden, dass die Gäste in einem ‚ungünstigen Licht' erscheinen." Die geschwungene Decke aus weichem Birkenholz – darüber befinden sich die Lüftungskanäle – schließt an die abgestufte Nussbaumdecke an und betont das reizvolle Nebeneinander von Alt und Neu. Deckenspots leuchten gezielt die Theke und die Tische gegenüber aus und lassen diese wie helle Inseln im Raum erscheinen. Ein Lichtband unter der Theke – sie besteht aus strapazierfähigem Teakholz – beleuchtet die gewölbte Birkenvertäfelung des Barkorpus und erzeugt auf dem blauen Boden einen Lichtstreifen, in dem die Chromgestelle der Barhocker glänzen.

Bei einem „Daiquiri" – einem für die Bar typischen Cocktail aus Havanna – kann man in entspannter Stimmung den Raum auf sich wirken lassen: er wird bestimmt durch die elegante Verbindung historischer Raum- und Stilelemente mit neuen Einbauten und einem ungewöhnlichen Lichtkonzept. Damit ist es den Architekten gelungen, eine intime Cocktailbar mit ruhigem Charakter zu schaffen, die vor allem vom jungen Wiener Publikum begeistert angenommen wird.

Öffnungszeiten:	Mo–Sa 19.00–4.00 Uhr, So 19.00–3.00 Uhr
Eröffnungstermin:	8.9.1994
Betreiber:	Michael Satke
Fläche:	ca. 75 m²
Anzahl der Sitzplätze:	52 (inkl. Barhocker)
Bauaufgabe:	Denkmalsanierung / Ausbau

Bar First Floor　　　　Seitenstettengasse 5
Amerikanische Cocktailbar　A-1010 Wien

In die Bar First Floor wurden Teile der Inneneinrichtung aus der alten Wiener Mounier-Bar integriert, wie zum Beispiel die abgestufte Decke.

Biographie siehe bei
Palmenhaus, S. 16

Das Aquarium dient als zentrales Element der Lichtgestaltung.

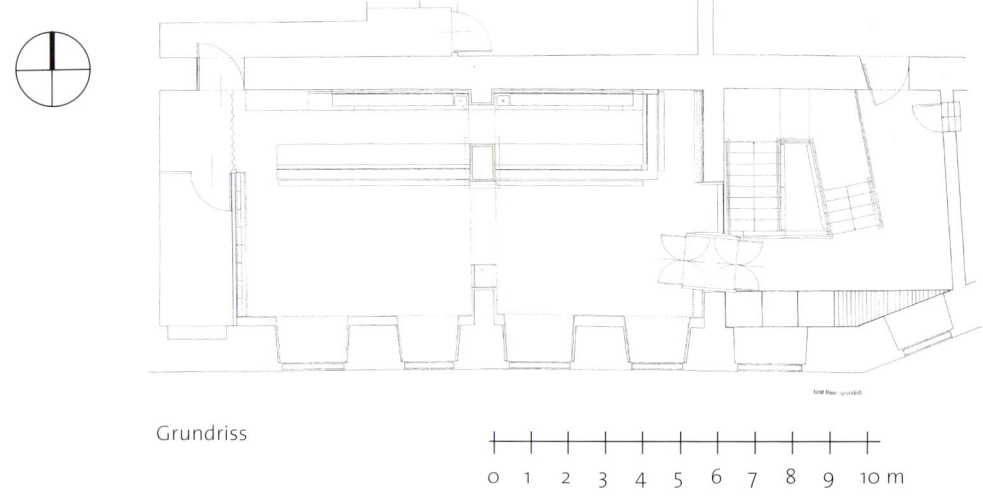

Grundriss

0 1 2 3 4 5 6 7 8 9 10 m

First Floor

Deckenspots leuchten gezielt die Theke und Tische aus. Diese erscheinen dadurch wie helle Inseln im Raum.

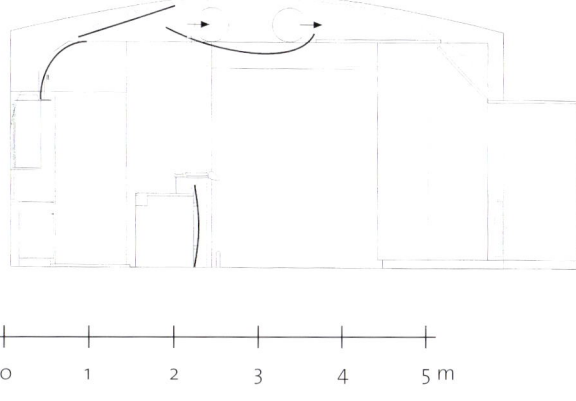

0 1 2 3 4 5 m

Schnitt durch die Bar

Café Cult
Café-Restaurant in Frankfurt

Rechte Seite oben:
In die Wand hinter der geschwungenen Bar sind Monitore eingelassen, über die Börsennachrichten gezeigt werden.

Unten:
Eine kreisrunde Wandnische aus Myrtenholz bildet den Abschluss des Barbereichs.

Gleich hinter der Frankfurter Börse liegt der Alte Rahmhof, ein restaurierter Gebäudekomplex aus dem Jahre 1871. In die hier entstandene Ladenpassage plante der damalige Bauunternehmer Dr. Jürgen Schneider ein Café-Restaurant, in dem er Kunst, Kultur und Gastronomie auf zwei Geschossen miteinander verbinden wollte – das Café Cult. Architektur und kulturelles Angebot sollten zum Anziehungspunkt für Börsianer und Geschäftsleute, aber auch für Kunden der nahe gelegenen exklusiven Läden werden.

Innenarchitekt Klaus Bürger, dessen gestalterisches Konzept traditionelle mit modernen Elementen verbindet, gliederte den dynamischen Erdgeschoss-Grundriss in drei unterschiedliche Bereiche. Zentrales Element des gesamten Raumes ist die geschwungene Bar, sie nimmt die Krümmung der dahinter liegenden Wand auf. Der Tresen aus Eichenholz mit Gumminoppen an der Stirnseite hebt sich vor der grün-blauen Wand ab, die – in Ölspachteltechnik bearbeitet – eine leicht verschwommene Oberfläche erhielt. Hinter der Bar sind Monitore in die Wand eingelassen. Es werden Börsennachrichten, Videoclips und Fernsehfilme gezeigt, die man bei Bedarf über Kopfhörer mithören kann. Das breite Ende des Tresens ist rund angeschnitten und leitet die gegenläufige Krümmung der kreisrunden Wandnische aus Myrtenholz ein. Moderne Möbel wie die langen Stehtische aus Kirschbaumholz mit geschwungenem Stahlfuß stehen traditionellen Elementen im Restaurant gegenüber: Hier griff der Innenarchitekt Formen alter Kaffeehäuser auf, wie zum Beispiel die lange, hochlehnige und mit grünem Leder gepolsterte Sitzbank. Sie fasst den Restaurantbereich ein, der durch den gemusterten Parkettboden aus heller und dunkler Eiche betont wird. Im hinteren Raumabschnitt kann man gemütlich in Polstersesseln vor kleinen Spieltischen die Straßenszene beobachten.

Eine Treppe aus dunkelgrünem Serpentingestein führt ins Untergeschoss, die blattvergoldeten Wände verleihen dem Theater-Restaurant einen festlichen Rahmen. Hier unten bestimmen Ellipsen den Raumcharakter: Blickfang ist die hinterleuchtete elliptische Bar mit glasverkleideter Theke und funkelndem Sternenhimmel. Die elliptische Bühne ist der Mittelpunkt verschiedenster Veranstaltungen. Nach dem Konkurs des Bauherrn entwickelten die neuen Betreiber ein verändertes Nutzungskonzept: Fanden ursprünglich auf der Bühne Kleinkunst, Konzerte und Lesungen statt, lädt heute im Untergeschoss ein Nachtclub zu einem Drink an die Bar. Der Raum ist multifunktional ausgerichtet und hat auch Platz für Konzerte, Shows und geschlossene Gesellschaften.

Öffnungszeiten:	Bistro: täglich 9.00–1.00 Uhr
	Restaurant: täglich 12.00–15.00 Uhr, 19.00–4.00 Uhr
Eröffnungstermin:	August 1992
Betreiber:	Trophy Events GmbH
Fläche:	EG: 285 m² UG: 225 m²
Anzahl der Sitzplätze:	Restaurant: 30 + 150 Stehplätze Nachtclub: 65 + 120 Stehplätze
Bauaufgabe:	Denkmalsanierung / Ausbau
Café Cult Schillerpassage	Alter Rahmhof 60313 Frankfurt a. Main

Name:
Klaus Bürger, Dipl.-Ing. Innenarchitekt BDIA
Geburtsdatum:
1948
Studienort:
Düsseldorf
Büro seit:
1981
Anzahl der Mitarbeiter:
3
Arbeitsschwerpunkte:
U.a. Messeentwurf, Läden, Showräume
Veröffentlichungen:
Zahlreiche Veröffentlichungen in nationalen und internationalen Fachzeitschriften und Fachbüchern
Auszeichnungen und Preise:
Mehrere Auszeichnungen, u.a. ein 1. Deutscher Innenarchitekturpreis und ein 1. Europäischer Innenarchitekturpreis in der Kategorie Retail

Blick durch die breiten Fenster.

Das Café Cult bietet inmitten der Frankfurter City abwechslungsreiche Räume für verschiedenste Anforderungen, hat aber im Laufe der Zeit seinen kulturellen Charakter eingebüßt. Schneiders Konzept – ein Kaffeehaus mit Theaterflair – ist durch Umnutzung und Umgestaltung verloren gegangen. Dieses Projekt ist ein Beispiel für ein ideenreiches Raumkonzept, das konsequent und mit ungewöhnlichen Details umgesetzt wurde, in seiner ursprünglichen Form jedoch nicht erhalten geblieben ist.

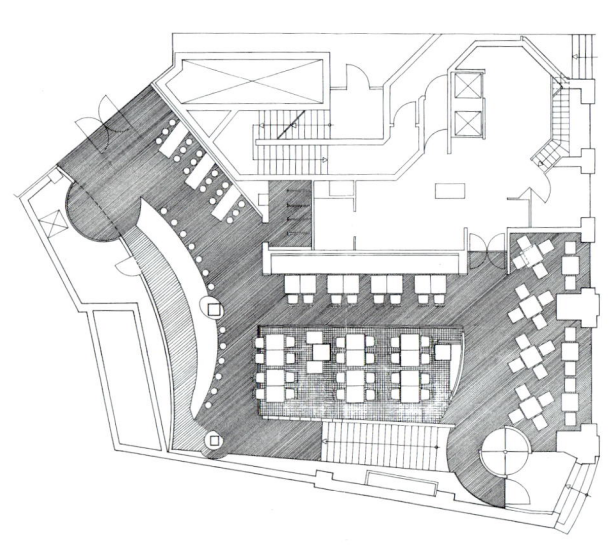

Grundriss Erdgeschoss

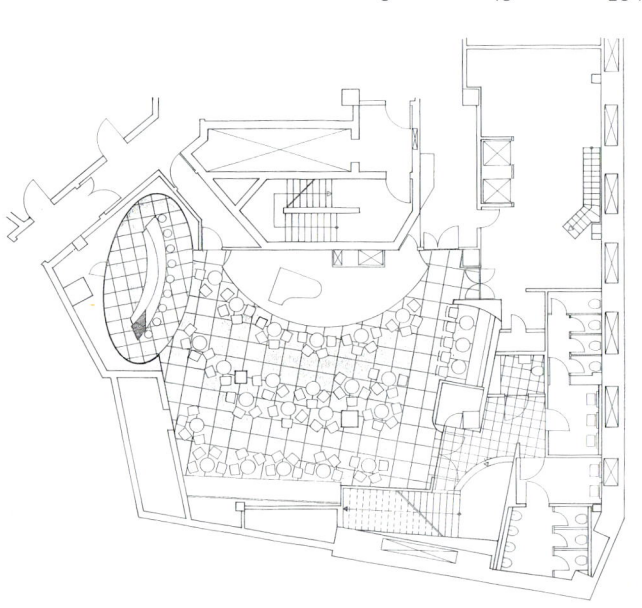

Grundriss Untergeschoss

82 | 83 Café Cult

Die lange, hochlehnige Polsterbank im Restaurantbereich ist ein typisches Element alter Kaffeehäuser.

Dunkelgrünes Serpentingestein gibt der Treppe ins Untergeschoss einen edlen Charakter.

Café-Bar Segafredo
Stehcafé in München-Neuperlach

Im PEP, dem Einkaufszentrum in Neuperlach bei München, lohnt es sich, den Einkaufsbummel mit der Pause zu beginnen. Hinter hohen Bogenfenstern direkt über dem Haupteingang liegt – in den typischen Farben Rot und Schwarz gehalten – die Café-Bar Segafredo.

Fährt man mit der Rolltreppe in den ersten Stock des Einkaufszentrums, präsentiert sich das Café mit den riesigen Cocktailschirmen als pfiffiger räumlicher Akzent. Unter dem verglasten Tonnengewölbe bildet es zwischen zwei Einkaufsbereichen den Mittelpunkt der lichtdurchfluteten Passage. Kontrastreich wirkt nicht nur die Kombination der Farben Rot und Schwarz, sondern auch die diagonale Ausrichtung der Bar, die durch den diagonal verlaufenden Bodenbelag rund um den Barbereich unterstrichen wird. Das Café dreht sich dadurch leicht aus der gegebenen Grundrissstruktur des Gebäudes – als winke es den Besucher heran.

Die breiten Schirme ragen 2,80 Meter in die Höhe. Ausgeführt in filigraner Metallkonstruktion, sind sie nicht nur attraktiver Blickfang, sondern reduzieren die enorme Raumhöhe erheblich und begrenzen den ansonsten nach allen Seiten offenen Caféraum. Sie dienen als Sonnenschutz und als abendliche Lichtquelle zugleich. Fallen die Sonnenstrahlen durch das gelochte Aluminiumblech, das den Schirmen aufgelegt ist, entstehen sich ständig verändernde Licht- und Schattenmuster auf der Bar und auf dem Boden.

Die 1,10 Meter hohe Bar besteht aus den rot verkleideten, gerundeten Grundträgern und der schwarzen Thekenfläche. Diese ragt deutlich über den Rand des roten Korpus hinaus. Die Architekten haben hierdurch den Farbkontrast erhöht und die Thekenfläche optisch vom Grundkörper getrennt. Bei der Einkaufspause an der Bar oder an den Stehtischen hat man trotz des offenen Raums das Gefühl, unter den Schirmen seinen Espresso in einer geschützten Atmosphäre zu trinken. Gemütlich kann man von hier aus die vorbeihastenden Passanten beobachten.

Das Team Suzanne Faltenbacher und Daniel Kronwinkler hat mitten in einem Durchgangsbereich einen Raum zum Innehalten geschaffen, der sich auf witzige und außergewöhnliche Art von den vertrauten Segafredo-Cafés unterscheidet.

Das Café dreht sich aus der Grundstruktur des Gebäudes leicht heraus.

Öffnungszeiten:	10.00–20.00 Uhr, Sa–16.00 Uhr
Eröffnungstermin:	Mai 1998
Betreiber:	A. M. Berger, A. Szurovy
Investitionssumme:	DM 280.000
Fläche:	90 m²
Anzahl der Sitzplätze:	keine
Bauaufgabe:	Entwurf und Planung eines Cafés Segafredo im PEP, Galerie 1. OG.
Segafredo Espresso Café Stehcafé	Perlacher Einkaufspassagen PEP, München

Biographie siehe bei Milch und Bar, S. 22

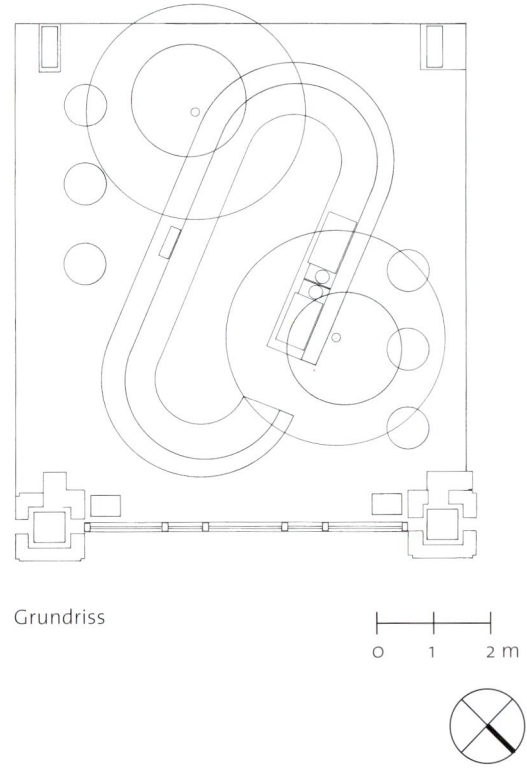

Grundriss

0   1   2 m

Oben:
Ästhetische Präsentation der Backwaren.

Links:
Die schwarze Theke ragt über den roten Korpus der Bar hinaus, was den farblichen Kontrast noch steigert.

Café-Bar Segafredo

Die 2,80 Meter hohen Schirme verwandeln das Stehcafé in einen geschützten Bereich – mitten in einem Durchgang.

Sausalitos
Mexikanisches Restaurant in Osnabrück

Entspannen auf einer mexikanischen Hazienda mitten im Zentrum von Osnabrück – diese Erfahrung verdanken die Gäste des Sausalitos dem Designer Jean-Christophe Durussel. Nach der Sanierung eines denkmalgeschützten alten Herrenhauses aus dem 15. Jahrhundert gelang es ihm, aus dem Innenraum dieses Schmuckstücks einen Ort voll spannender Gegensätze zu schaffen.

Das Konzept des mexikanischen Sausalitos (das es auch in München und Ingolstadt gibt), beruht in erster Linie auf Farbkontrasten. Beige, Blau und Rot – diese Farben gliedern das schmale, rechteckige Restaurant in drei Raumbereiche und beeinflussen zugleich das Raumgefühl: Das helle Beige im Eingangsbereich mit der etwa 14 Meter langen Cocktailbar und den Stehtischen fördert eine offene und lockere Atmosphäre, die den Gast willkommen heißt. Die für ein Lokal ungewöhnliche Farbe Blau macht neugierig und lockt den Besucher weiter in den Raum hinein, wo warme Polsterecken einen Kontrast zur kühlen Wandfarbe bilden. Lebhaftes Rot dominiert schließlich den hinteren Raumbereich.

Der lange Raum des Restaurants ist durch abwechslungsreiche Möblierung, durch Bodenstufen und unterschiedliche Deckenhöhen aufgelockert und in verschiedene Erlebnisbereiche gegliedert. So gibt beispielsweise die offene Holzbalkenkonstruktion den Blick an den Seiten bis in den Dachraum frei, im mittleren Bereich ist dagegen die ursprüngliche Deckenhöhe erhalten geblieben. Ein Nebengebäude, das viel später als das Herrenhaus errichtet wurde, enthält den Servicebereich und die zum Lokal hin offene Küche. Beide Gebäude werden durch einen Glasanbau miteinander verbunden, der ebenfalls als Gastraum genutzt wird.

Einen Hauch mexikanischen Lebensgefühls vermitteln nicht nur die farblichen Akzente, sondern auch landestypische Details, wie die verputzten Sitzbänke, die aufgestellten Kakteen oder die Hohlkehlen an der Decke. Im gesamten Lokal sind die Ecken – auch beim offenen Kamin – abgerundet. Die runden Formen geben dem Raum eine warme, gemütliche Ausstrahlung, die durch das gedämpfte Licht noch verstärkt wird: Die 40-Watt-Birnen an der Wand brennen nur mit einem Viertel der Leuchtkraft, zudem steht auf jedem Tisch eine Kerze.

Folklorekitsch wird man hier vergeblich suchen, stattdessen bilden originelle Accessoires einen stimmungsvollen Hintergrund: Die Wandleuchten entstanden aus umgebauten Kerzenständern, der tote Baum bildet einen Kontrast zu dem quirligen Innenleben des Lokals. Der S-förmige Stehtisch neben dem Eingang signalisiert unmissverständlich: Hier befindet man sich im Sausalitos.

Die in hellem Beige gehaltene, 14 Meter lange Cocktailbar bildet den Auftakt zu dem dreifarbigen Raumerlebnis.

Öffnungszeiten:	täglich 17.00–1.00 Uhr
Eröffnungstermin:	Januar 2000
Betreiber:	Hr. Bensliman
Investitionssumme:	DM 1,2 Mio
Fläche:	ca. 310 m²
Anzahl der Sitzplätze:	200
Bauaufgabe:	Altbau / Denkmalsanierung

Sausalitos Osnabrück Kommanderiestraße 23
Mexikanisches Restaurant 49074 Osnabrück

Der helle Stehtischbereich hat einen einladenden Charakter.

Warme Polsterbänke bilden einen Kontrast zur kühlen Wandfarbe Blau.

Sausalitos

Übergang vom blauen zum roten Bereich. Die Wandleuchten sind aus umgebauten Kerzenständern entstanden.

Alle Ecken sind abgerundet – auch beim offenen Kamin. Im Winter unterstreicht das knisternde Feuer das warme Raumambiente.

Biographie siehe
bei Sushi + Soul, S. 50

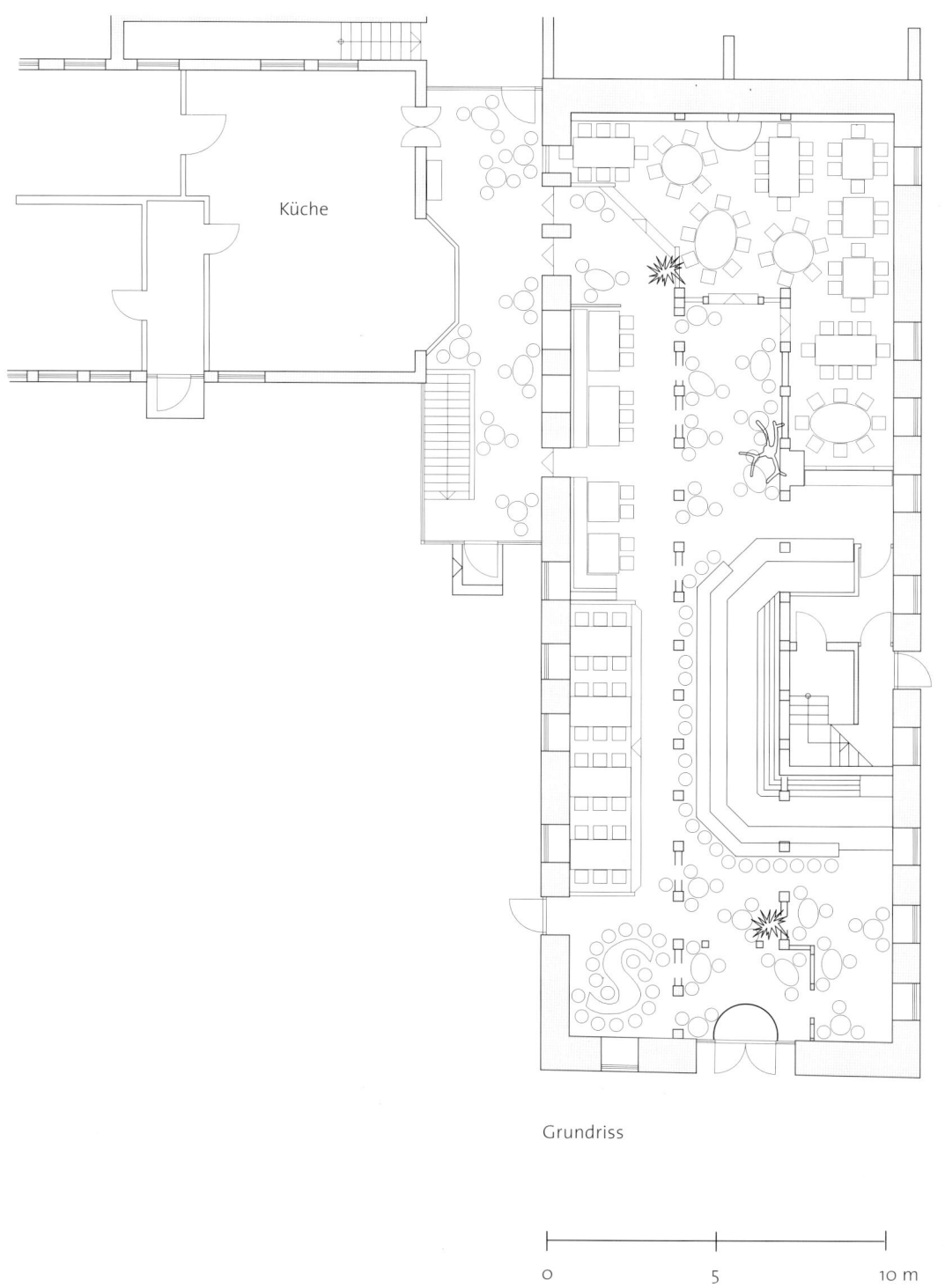

Grundriss

Der Garten vor dem mittelalterlichen Herrenhaus.

An dieser Bar genießt man mexikanische Cocktails in landestypischem Ambiente.

Architektenverzeichnis mit Bildnachweis

Klaus Bürger
Dipl.-Ing. Innenarchitekt
Tönisbergerstraße 67
47839 Krefeld
S. 81–83 (Café Cult)
Fotos: Thomas Riehle / Artur, Köln

Design Associates
Architekt Stefan Lang
Designer Uwe Binnberg
Winterstraße 4 / Rgb.
81543 München
S. 63–67 (Café X-tra)
Fotos: Matteo Manduzio, München

Max Dudler
Architekt BDA
Oranienplatz 4
10999 Berlin
Sihfeldstraße 10
CH-8003 Zürich
S. 11–13 (Sale e Tabacchi)
Fotos: Wilmar Koenig, Berlin
S. 53, 55 (Schwarzes Café)
Fotos: Waltraut Krase, Frankfurt

Jean-Christophe Durussel
ID-plus GmbH
Hofmannstraße 7 / Rgb.
81379 München
S. 49–51 (Sushi + Soul)
Fotos: Kai Gettner, München
S. 89–91, 93 (Sausalitos)
Fotos: Michael Dreßler, Grafrath

Eichinger oder Knechtl
Franzjosefskai 29
A-1010 Wien
e-mail: desk@eok.at
S. 15–17 (Palmenhaus)
Fotos: Margherita Spiluttini, Wien
S. 77–79 (First Floor)
Fotos: Gerald Zugmann, Wien

Elsohn-Frei
Architektur Innenarchitektur
Gestaltung
Bremgartnerstraße 62
CH-8003 Zürich
www.elsohn.ch
S. 69–71 (Buch-Bar „Sphères")
Fotos: Peter Elsohn
und Tina Frei-Elsohn

gmp Architekten
von Gerkan, Marg und Partner
Elbchaussee 139
22763 Hamburg
S. 45–47 (Café Andersen)
Fotos: Michael Wortmann, Hamburg
S. 57, 59-61 (VAU)
Fotos: Klaus Frahm, Hamburg

Ingo Maurer GmbH
Kaiserstraße 47
80801 München
S. 33–35, 37 (Roma)
Fotos: Markus Tollhopf, Hamburg

Podgorschek & Podgorschek
interior and industrial design
Ferrogasse 10
A-1180 Wien
S. 39–42 (Musiklokal B 72)
Fotos: Monika Nikolic, Kassel
und E. Zickendraht

André Poitiers
Architekt BDA
Großer Burstah 36–38
20457 Hamburg
e-mail office@poitiers.de
S. 25–27 (Dat Backhus, Hamburg-Harvestehude)
Fotos: Klaus Frahm / Artur, Köln
S. 73–75 (Dat Backhus, Hamburg-Sasel)
Fotos: Klaus Frahm / Artur, Köln

RSP Architekten
von Rudloff, Seiffert u. Partner
Antwerpener Str. 6-12
50672 Köln
S. 29, 31 (Ringbar)
Fotos: Jens Willebrand, Köln

studioacht.
Suzanne Faltenbacher
u. Daniel Kronwinkler
Schwanthalerstraße 76
80336 München
www.studioacht.de
S. 85–87 (Café-Bar Segafredo)
Fotos: Toni Sulzbeck, München
S. 19–21, 23 (Milch und Bar)
Fotos: Maximilian Mutzhas

Impressum

© 2001 Verlag Georg D.W. Callwey
GmbH & Co., Streitfeldstraße 35,
D-81673 München
www.callwey.de
E-mail: buch@callwey.de

Die Deutsche Bibliothek –
CIP-Einheitsaufnahme
Ein Titeldatensatz dieser Publikation
ist bei Der Deutschen Bibliothek
erhältlich.

ISBN 3-7667-1476-7

Das Werk einschließlich aller seiner
Teile ist urheberrechtlich geschützt.
Jede Verwertung außerhalb der
engen Grenzen des Urheberrechts-
gesetzes ist ohne Zustimmung des
Verlages unzulässig und strafbar. Das
gilt insbesondere für Vervielfältigun-
gen, Übersetzungen, Mikroverfilmun-
gen und die Einspeicherung und
Verarbeitung in elektronischen
Systemen.

Layoutkonzeption: Helmut Gebhardt,
München
Litho: reproteam siefert, Ulm
Druck und Bindung: Longo, Bozen

Printed in Italy, 2001

Die neuesten Trends!

„Eine Reise per Buch um die Welt und zwar in zukunftsweisende Innenarchitekturen für die unterschiedlichsten Belange. Jeremy Myerson stellt Lösungen vor, deren Suche nach wirklicher Qualität der rote Faden in diesem Buch ist. Eine Neugier weckende Publikation."

WOHN!DESIGN

Jeremy Myerson
Innen-Räume
240 Seiten, 320 Abbildungen.
ISBN 3-7667-1409-0

Verkaufs-Erfolge durch Feng Shui und Tiefenpsychologie! Die Autoren geben wertvolle Planungshilfen für neue Läden und Ladenrenovierungen sowie Praxis-Tipps für die tägliche Laden-Optimierung. Oft genügt schon ein geringer Aufwand, um eine große Wirkung zu erzielen!

Margrit Lipczinsky/Helmut Boerner
Shop-Design für erfolgreiche Läden
160 Seiten, 200 Abbildungen, 10 Skizzen.
ISBN 3-7667-1484-8

www.callwey.de